# De Eeuwige Schoonheid die wij zijn

## Tijdloze boodschappen van Amma

### Samengesteld en vertaald door Swami Amritaswarupananda Puri

Mata Amritanandamayi Center, San Ramon
Californië, Verenigde Staten

# De Eeuwige Schoonheid die wij zijn

## Tijdloze boodschappen van Amma

Verzameld en vertaald door
Swami Amritaswarupananda Puri

*Uitgegeven door:*
Mata Amritanandamayi Center
P.O. Box 613
San Ramon, CA 94583-0613, Verenigde Staten

—————*The Eternal Beauty That We Are - Dutch*—————

*In Nederland:*
www.amma.nl
info@amma.nl

*In België:*
www.vriendenvanamma.be

*In India:*
www.amritapuri.org
inform@amritapuri.org

# Inhoud

# Sanatana Dharma

## Een vorm om het Vormloze te bereiken

Kinderen, de enige oorzaak van de schepping, instandhouding en vernietiging van het universum is God. Hiermee zullen allen die in God geloven, het eens zijn. Maar zij die in God geloven zullen verschillende opvattingen en twijfels hebben over Gods ware aard: Wat is de echte naam en vorm van God? En wat zijn Zijn eigenschappen?

In werkelijkheid kunnen we God niet met het intellect begrijpen en niet met woorden uitleggen. Toch kunnen we God door spirituele oefeningen ervaren en realiseren. Die ervaring is onbeschrijflijk. Als een baby pijn krijgt, kan hij dan uitleggen: "Het doet zoveel pijn?" Of als hij blij is, kan hij dan uitleggen: "Ik ben zoveel blij?"

Zoals water kan verschijnen als ijs, vloeistof of stoom, zo is God zowel met als zonder eigenschappen. Hij manifesteert zich als dualiteit en als het veelzijdige universum.

God heeft geen specifieke naam of vorm, maar is eerder als een acteur op het toneel die verschillende rollen speelt. Zo neemt God in overeenstemming met de wens van de toegewijde, verschillende zijnstoestanden en vormen aan zoals Shiva, Vishnu en Devi.

Als we chocoladefiguurtjes verwarmen, smelten ze en verliezen hun vorm. Maar wat voor vorm de chocolade ook aanneemt, de ware aard van de chocolade blijft altijd hetzelfde.

Om ons een idee van God te vormen en Hem te aanbidden is het het gemakkelijkst om Hem met een vorm voor te stellen. Iemand die dorst heeft, moet van zijn handen een kommetje maken of een pot gebruiken om water uit een rivier te halen. Iemand die een lange stok heeft, kan een mango uit een boom slaan, ook al kan hij niet in de boom klimmen. Zo kunnen we ook God aanbidden en Hem realiseren als we Hem ons voorstellen met een vorm en die vorm als ons instrument gebruiken.

Eens ging een moedervogel op zoek naar voedsel en verwondde een van haar vleugels. Ze kon niet meer vliegen en was heel verdrietig omdat ze niet terug kon gaan naar haar nest aan de overkant van de rivier. Ze maakte zich zorgen over haar hulpeloze jonge vogeltjes en werd erg bang. Toen zag ze een klomp ijs die naar haar toe dreef. Zonder moeite sprong ze erop. Een gunstige wind bracht het ijs toen naar de overkant, en zo kon ze terug naar haar nest gaan.

Degenen onder ons die met smart worstelen om de vormloze God zonder eigenschappen te kennen, zijn net als deze gewonde vogel die probeert thuis te komen. We kunnen God realiseren door Hem te aanbidden als iemand met een vorm en andere eigenschappen. Het water in de rivier had geen vorm, maar het werd een stevig stuk ijs, waardoor de hulpeloze vogel de rivier kon oversteken. Net zo moeten wij voortdurend God met vorm en eigenschappen aanbidden om vrij van de oceaan van *samsara* te worden. Dan zal de gunstige bries van goddelijke genade ons naar bevrijding leiden.

## Devotie gebaseerd op angst en devotie gebaseerd op liefde

Kinderen, sommige mensen vragen: "Wat is het belang van *bhaya bhakti* (devotie met angst) op het pad van devotie? Is dat niet ongezond?"

We kunnen niet zeggen dat *bhaya bhakti* ongezond is. Er is geen plaats voor angst in devotie omdat die totaal en perfect is. Toch helpt enige angst een beginner zeker om te groeien. God, die de enige beschermer van het universum is, schenkt ook aan alle wezens de resultaten van hun handelingen. God beschermt alle goede mensen en straft de slechten. Iemand die beseft dat hij de gevolgen van al zijn slechte daden zal moeten ondergaan, zal enige angst voelen bij zijn devotie. Deze angst maakt hem sterk omdat het zijn onderscheidingsvermogen vergroot. Het helpt hem om op te houden met het maken van fouten en op de juiste weg verder te gaan.

*Bhaya bhakti* is niet als de angst die een slaaf voor zijn meester voelt. Het is eerder als de

12

mengeling van angst en respect die een student voor zijn leraar voelt of als de onschuldige liefde die een kind voor zijn moeder toont. Dit is de houding die we tegenover God moeten hebben.

Een kind houdt van zijn moeder. Hij gelooft echt dat zijn moeder zijn enige beschermer is. Maar, hij weet ook dat zijn moeder niet zal aarzelen hem te straffen, als hij een fout maakt. Er zit dus zeker ook wat angst in zijn liefde voor haar. Deze angst beschermt hem tegen veel ongelukken en fouten. Een kind heeft veel onvolwassen neigingen en zwakheden. Daardoor maakt hij vaak fouten. Maar omdat hij bang is dat zijn moeder boos zal worden en hem zal straffen, begaat hij die fouten niet. Zo versterkt de angst voor zijn moeder zijn onderscheidingsvermogen en krijgt hij geleidelijk de kracht om het juiste pad te volgen. Maar de angst belemmert hem nooit om de liefde van zijn moeder te ervaren. In tegendeel: het helpt hem om te groeien.

Op jonge leeftijd studeren kinderen goed door de angst dat de leerkracht hen zal straffen als ze niet studeren. Die angst helpt hen om hun luiheid te overwinnen en om hard te werken om te leren en academisch uit te blinken. Tegen de tijd dat ze in de hogere klassen zitten, verdwijnt die angst. Maar dan hebben ze genoeg onderscheidingsvermogen gekregen om hun studie serieus zonder angst voort te zetten. Dan is angst niet nodig. Ze hebben dan alleen respect voor hun leraren en gehoorzamen hen. De meeste toegewijden hebben een dergelijke houding tegenover God.

Als een toegewijde over het pad reist, verandert *bhaya bhakti* in devotie vol liefde. In die devotie is er geen enkele angst. Uit liefde voor God verwelkomt hij zelfs een straf van Hem met vreugde en blijheid. De intensiteit van zijn devotie zal elke neiging tot het maken van fouten tenietdoen.

Een echte toegewijde is als een klein kind dat op de schoot van zijn liefhebbende moeder rust. Hij vergeet al het andere.

# Het aanbidden van godenbeelden

Iemand vroeg me onlangs: "Moeten we niet de beeldhouwer die het beeld heeft gemaakt aanbidden in plaats van het beeld?"

Kinderen, als we de vlag van ons land zien, denken we dan aan de kleermaker die hem heeft genaaid? Nee. Niemand denkt aan hem. We denken aan ons land. Op dezelfde manier moeten onze gedachten, als we een godenbeeld zien, niet naar de beeldhouwer gaan, maar naar het principe dat het beeld vertegenwoordigt: de echte Schepper, de Schepper die dit hele universum heeft geschapen.

Om het aanbidden van beelden te begrijpen moet je de principes erachter begrijpen. In werkelijkheid heeft God geen bepaalde naam, vorm of verblijfplaats. God is voorbij tijd en ruimte. Zijn aard is absolute gelukzaligheid. Hij is waarheid zonder vorm of enig ander kenmerk. Voor de meeste mensen is het echter onmogelijk om de alomtegenwoordige God te aanbidden zonder de hulp van een specifieke verschijningsvorm. Momenteel is onze geest gebonden en gehecht aan deze materiële wereld en haar verschillende vormen. Het aanbidden van beelden helpt mensen om hun geest naar binnen te keren. Daar kunnen ze geleidelijk de goddelijkheid gaan herkennen die de grondslag van hun geest vormt.

Als we onze weerspiegeling duidelijk in een spiegel willen zien, moeten we eerst al het stof en vuil van het oppervlak verwijderen. Hetzelfde gaat op als we onze ware aard in de spiegel van de geest willen zien: dan moeten we eerst alle onzuiverheden verwijderen die daar zijn verzameld. Het aanbidden van godsbeelden zuivert geleidelijk onze geest en bevordert diepere niveaus van concentratie. Daarom benadrukten de oude wijzen van *Sanatana Dharma* het belang van het beeldenaanbidding en van tempels.

Sommigen zeggen dat het aanbidden van beelden op een niet verfijnde geest wijst. Dit gaat alleen op als aanbidding van beelden berust op de misvatting dat God slechts op één bepaalde plaats verblijft en één bepaalde vorm heeft. God is alomtegenwoordig. God is de ultieme oorzaak van alles wat bestaat. Wanneer we beelden met dit begrip vereren, kan het nooit onverfijnd zijn; het is een erkende weg naar zelfrealisatie. Als we het beeld aanbidden met egoïstische gebeden die alleen gericht zijn op de vervulling van onze eigen zelfzuchtige verlangens, dan kan het onverfijnd worden genoemd. Maar de grofste vorm van aanbidding is het aanbidden van een godsbeeld terwijl je tegelijkertijd andere mensen vernedert.

Als mensen zeggen: "Aanbid alleen God, aanbid niet de duivel," betekent het dat het bereiken van God ons enige doel moet zijn. De 'duivel' betekent verlangens naar geld en status die in strijd zijn met *dharma,* en andere zelfzuchtige houdingen. Het betekent niet God in verschillende vormen aanbidden. Beeldenverering bestaat overal waar symbolen en beelden worden gebruikt om de herinnering aan God op te roepen. Als we het op deze manier bekijken, wordt het duidelijk dat veel mensen die beeldenverering bekritiseren, in feite zelf beeldenverering verrichten.

Hoewel God voorbij naam en vorm is, kunnen we God nog steeds aanbidden in elke vorm die we maar willen. In hetzelfde huishouden kan de vader er de voorkeur aan geven Shiva te aanbidden, de moeder Krishna en de zoon Devi. Daarom wordt het *ishta-devata* genoemd, onze 'favoriete vorm van god'. We moeten de principes achter het aanbidden van God in verschillende vormen begrijpen. Een halsketting, een armband, een oorbel zijn allemaal gemaakt van goud. Hun basis is goud. Evenzo is God de basis van het bestaan. We moeten de verenigende basis van deze schijnbaar gevarieerde wereld zien. Wat de vorm van onze *ishta-devata* ook is, Shiva, Vishnu, Murugam, we moeten deze eenheid gaan herkennen. We moeten begrijpen dat al deze vormen slechts variaties van de Ene zijn. Omdat de oude wijzen begrepen dat mensen verschillende culturele achtergronden hadden, accepteerden ze de aanbidding van verschillende vormen van God.

Door de aanbidding van beelden moeten we zo ruimdenkend worden dat we van alle levensvormen houden en ze respecteren. Door

God in het beeld te zien en tot Hem te bidden zuiveren we onze geest en verheffen we ons tot een niveau waarop we God in alles kunnen herkennen. Dit is het uiteindelijke doel van beeldenverering.

Heel veel grote zielen zoals Sri Ramakrishna Deva, Mirabai, Andal en Kannappa Nayanar bereikten bevrijding door beeldenverering. Mogen mijn kinderen ook zich bewust worden van dit niveau van waarheid.

# Is spiritualiteit escapisme?

Kinderen, mensen vragen vaak of spiritualiteit niet weglopen voor het leven is. Jullie moeten begrijpen dat echte spiritualiteit nooit escapisme is. Weglopen is het pad van lafaards. Spiritualiteit is het pad van de dapperen. Het is een wetenschap die ons leert hoe we sterk kunnen zijn in een crisis en hoe we altijd geluk en tevredenheid kunnen behouden. Spiritualiteit helpt ons om het leven diepgaand te begrijpen en de juiste houding te bewaren.

Spiritualiteit is het waarnemen van je ware Zelf. Het is de zoektocht naar wie we zijn en wat de zin van het leven is. Daardoor kunnen we de aard van de wereld en haar objecten begrijpen.

Momenteel geloven we dat geluk in materiële dingen ligt. Maar als dat het geval zou zijn, waarom zijn we dan niet tevreden als we die verkrijgen? Integendeel, we zien miljonairs die een vliegtuig, een boot en een villa bezitten, maar nog steeds vol spanning en verdriet zitten.

In een dorp woonden eens twee gezinnen in hutten naast elkaar. Het hoofd van het ene gezin spaarde geld en bouwde een goed huis. Toen begon zijn buurman zich zorgen te maken: "Hij heeft al een huis. Ik woon nog steeds in deze hut." Al snel begon hij hard te werken om geld te sparen. Hij leende ook wat. Zo streefde hij ernaar een huis te bouwen. Terwijl hij dat deed, droomde hij ervan hoe hij op een dag gelukkig in zijn nieuwe huis zou wonen.

Toen zijn huis eindelijk af was, sprong hij van vreugde. Hij nodigde zijn familie en vrienden uit voor een feestmaal en woonde gelukkig in het nieuwe huis. Maar na een paar maanden werd hij depressief. Iemand vroeg hem: "Wat is er aan de hand?"

Hij antwoordde: "Onze buurman heeft airconditioning in zijn huis geïnstalleerd en een marmeren vloer gelegd. Mijn huis is een hok."

Het huis dat hem eens met vreugde vervuld had, was nu een bron van verdriet. Dit bewijst dat geluk niet in materiële dingen zit. In werkelijkheid hangt het van onze geest af hoe we geluk ervaren. Wanneer de geest vredig wordt, zullen we zonder problemen geluk ervaren.

Wanneer we ons bewust worden van het geheim achter geluk, zullen we ophouden met blindelings materiële zaken na te jagen. Als we spiritualiteit in ons opnemen, zullen we onze medemens als ons eigen Zelf kunnen zien. We zullen ons extra geld delen met arme en noodlijdende mensen. We zullen klaarstaan om anderen met een open hart lief te hebben en te dienen. Echte spirituele rijkdom is de mentale kracht om alles onder ogen te durven zien en de wereld met compassie te dienen.

## Is de wereld een illusie?

Veel mensen vragen Amma: "Waarom wordt deze wereld *maya* genoemd, een illusie?"

Kinderen, een illusie is iets wat de waarheid verbergt en ons van de waarheid wegleidt. De wereld wordt een illusie genoemd omdat ze de waarheid, de bron van eeuwige vrede, voor ons kan verbergen. Wat is onze huidige ervaring? We geloven dat verschillende materiële verworvenheden, relaties en objecten ons eeuwige vrede en geluk zullen geven, en we streven er gretig naar. In werkelijkheid leidt dit streven ons weg van vrede. Dat is *maya,* illusie.

Tijdens het dromen is de droomwereld voor de dromer heel reëel. Maar als hij wakker wordt, realiseert hij zich dat niets ervan echt was. Op dezelfde manier leven we door ons gebrek aan spiritueel begrip nu in een droomachtige wereld, een staat van verwarring. Pas als we ontwaken uit deze onwetendheid, zullen we beseffen wat Waarheid werkelijk is.

Er zat eens een straatarme jongeman aan een rivieroever te vissen. Na een tijdje zag hij

een olifant naar zich toe komen, vergezeld van
een grote menigte mensen. De olifant hield
met zijn slurf een bloemenkrans vast. Hij stopte
voor de jongen en hing de slinger om zijn nek.
De menigte applaudisseerde enthousiast. De
mensen vertelden hem dat dit het ritueel was
om de volgende koning te kiezen. Degene bij
wie de olifant de bloemenkrans om de nek hing,
zou de volgende koning worden. Al snel werd
de jongeling tot koning gewijd en trouwde hij
met de prinses.

Op een dag reden de prins en de prinses te
paard op een berg bij het paleis. Plotseling stak
er een hevige storm op. Zowel de paarden als
de ruiters vielen van de berg. De prinses en de
paarden stortten naar beneden en kwamen om,
maar op de een of andere manier lukte het de
prins om tijdens zijn val een boomtak vast te
pakken en te overleven. Het was een heel eind
naar beneden, maar hij had geen keus. Hij moest
loslaten. Hij sloot zijn ogen en liet zich vallen.

Toen hij zijn ogen opende, zag hij de berg
niet meer en ook de paarden en zijn prinses niet.
Hij zag alleen de rivieroever en zijn hengel. Toen

besefte hij dat hij in slaap was gevallen en dat het allemaal een droom was geweest.

Ook al leek het allemaal nog zo echt toen hij droomde, de jongen was helemaal niet verdrietig over het verlies van zijn prinses of zijn paleis.

Vandaag leven we, net als de jongen in het verhaal, in een droomwereld, helemaal onbekend met de realiteit. In deze droomwereld zijn de meeste mensen erg gehecht aan succes en winst en zijn ze bang voor mislukking en verlies. Als de dingen niet in hun voordeel werken, voelen ze dat hun hele wereld instort. Die wereld, de wereld waarin succes gelijk is aan geluk en falen gelijk staat aan verdriet, is een droom waaruit we moeten ontwaken. Het is *maya*. Er is maar één bron van echt geluk, en dat is het *atma,* ons ware Zelf. We moeten dit gaan inzien. Want, wat er daarna ook gebeurt in het leven, we zullen vol vrede en gelukzaligheid blijven.

Als deze wereld *maya* is, hoe moeten we die dan benaderen? Moeten we die afwijzen? Zeker niet. Maar we moeten de wereld en de verschillende ervaringen die ze ons biedt benaderen met *viveka,* onderscheidingsvermogen. Dan zal

25

de wereld zelf ons naar de waarheid leiden. Als we dit kunnen, zullen we in alles een element van goedheid kunnen zien. Een moordenaar gebruikt een mes om te doden, maar een arts gebruikt het om levens te redden. Dus in plaats van de wereld af te wijzen en te zeggen: "Het is maar een illusie", probeer je de waarde en principes achter al je ervaringen in het leven te begrijpen. Laat je leiden door dat inzicht.

Degenen die de aard van *maya* begrijpen, zijn de ware beschermers van de wereld. Ze worden nooit het slachtoffer van *maya's* illusie. Degenen die de aard van de wereld niet begrijpen, vernietigen niet alleen zichzelf, maar worden ook een last voor anderen. Degenen die het goede in alles zien, worden naar het goede geleid. En van daaruit realiseren ze de Waarheid.

## Het belang van de guru

Kinderen, sommige mensen vragen: "Als God en *guru* uiteindelijk in ons zijn, waarom hebben we dan een uiterlijke *guru* nodig?" Het is waar dat God en *guru* in ons bestaan, maar de meesten van ons missen het vermogen om God van binnen te kennen of om de leiding van de innerlijke *guru* te volgen. Er worden maar buitengewoon weinig mensen geboren met een spirituele instelling en aanleg die ze in vorige levens hebben verworven. Zulke mensen kunnen de spirituele waarheid misschien realiseren zonder de hulp van een levende *guru*, maar de meeste mensen hebben een *guru* nodig.

Een *sadguru* is daadwerkelijk God in een menselijke vorm. De *guru* leidt de leerling, die gebonden is aan vele zwakheden en ondeugden, met uiterste vriendelijkheid en geduld. De *guru* geeft de nodige instructies, lessen en verhelderingen zodat we de spirituele principes in hun eenvoudigste en zuiverste vorm in ons op kunnen nemen. Dus voor de leerling staat de *guru* zelfs boven God.

Spiritualiteit is precies het tegenovergestelde van materialisme. Dus als we met een materialistisch wereldbeeld aan het spirituele leven beginnen, falen we. Het duurt even voordat we dat begrijpen. Maar de *guru* legt het uit en laat het met oneindig geduld zien, telkens opnieuw, totdat de leerling het voor eens en altijd begrijpt. Als je een vreemde taal wilt leren, is de beste manier om met iemand te leven van wie deze taal de moedertaal is. De *guru's* moedertaal is spiritualiteit.

Wat de geschriften ons leren is heel subtiel. Het is het geheim van ons ware zijn. Ze leggen uit dat dit het bestaan is waarin het universum tot rust komt. Omdat we door de geest en door de talloze lagen van opgestapelde neigingen tot slaaf gemaakt zijn, hebben we geen referentiekader om zo'n waarheid te begrijpen. Alles wat de *guru* ons leert, is het tegenovergestelde van wat we ooit hebben geleerd. We zijn geconditioneerd om te denken dat geluk uit objecten voortkomt, maar de *guru* zegt ons: "Nee, geluk komt alleen van binnenuit." Er is ons verteld dat we moeten proberen onze verlangens te vervullen; de *guru* vertelt ons dat het beter is om ze te overstijgen. Er is ons verteld dat we geboren zijn en op een dag zullen sterven; de *guru* zegt ons dat we nooit geboren en onsterfelijk zijn. Dus het is de taak van de *guru* om ons helemaal opnieuw te vormen.

De *guru* is te vergelijken met een beeldhouwer. De beeldhouwer ziet het beeldhouwwerk verborgen in de steen. Wanneer hij de overbodige delen van de steen wegbeitelt, komt geleidelijk de verborgen mooie vorm tevoorschijn. Zo brengt een echte *guru* de waarheid in de kern van de leerling naar buiten. Wanneer de leerling het onderwijs van de *guru* opvolgt en zijn spirituele oefeningen doet, verdwijnt zijn onwetendheid en manifesteert de waarheid zich.

Als er regen op een bergtop valt, stroomt het water naar beneden. De aard van onze geest is daarmee te vergelijken. Het ene moment denken we misschien dat we in de zevende hemel zijn en genieten we van hogere sferen. Maar binnen enkele seconden zitten we in de put. De *guru* kent de zwakheden van de geest van de leerling en hij weet hoe hij hem kan helpen die te overstijgen. Ook al is het de aard van water om naar beneden te stromen, hetzelfde water kan stoom worden en door de warmte van de zon opstijgen. De *guru* weet dat hij door het bewustzijn van zijn leerling te vergroten diens geest naar een hoger niveau kan leiden. Dit is het doel van de *guru*. Daar streeft hij constant naar. Zodra het bewustzijn en de innerlijke *guru* van de leerling volledig ontwaakt zijn, heeft hij de hulp van de externe *guru* niet meer nodig.

Elk woord dat zo'n ontwaakte persoon spreekt, is een *satsang*. Elke handeling van zo iemand is een gebed, een meditatie. Elke ademhaling van zo iemand kan de wereld alleen maar ten goede komen.

Om de *guru* te laten verschijnen moet eerst het leerlingschap ontwaken. Het individu moet klaar zijn om gedisciplineerd te worden. Paraatheid is essentieel om elke vorm van kennis te verwerven. Voor de *sadguru* bestaat er maar één ding: een onsterfelijke eenheid. Uiteindelijk ziet hij alles als zuiver bewustzijn. Voor hem is er geen *guru* of leerling, noch moeder noch kind, alleen eeuwige eenheid. Maar voor ons welzijn daalt de *guru* af naar ons niveau. Het verlangen van de leerling om de realiteit van zijn ware wezen te kennen is van vitaal belang.

## Hoe moeten we bidden?

Kinderen, aanbidding is de beste manier om een duurzame, emotionele relatie met God op te bouwen en ons hart voor God te openen. Het is een brug die het individuele zelf met het allerhoogste Zelf verbindt. Een klein kind komt thuis van school, gooit zijn schrift en potlood op de grond en rent naar zijn moeder. Hij vertelt haar enthousiast alles wat er op school is gebeurd, de verhalen die zijn leraar verteld heeft en over de vogels die hij op weg naar huis gezien heeft. Zo ook zal bidden ons helpen een oprechte band met God te ontwikkelen. Als we dat wat ons bezwaart met God delen, helpt ons dat om ons ervan te ontdoen.

We moeten de houding hebben dat God onze enige troost is. We moeten God beschouwen als onze beste vriend, een vriend die altijd bij ons zal zijn, in elke situatie en in elk gevaar. Als we ons hart voor God openen, worden we zonder het te weten opgetild naar hogere niveaus van devotie.

Tegenwoordig begrijpen veel mensen echter niet hoe je gebed op de juiste manier moet gebruiken. Velen denken dat gebed gewoon een middel is om hun eigen wereldse verlangens te vervullen. De liefde van zulke mensen gaat niet uit naar God, maar naar materiële dingen. In de wereld van vandaag bidden mensen zelfs dat anderen een tragedie overkomt.

Een echte toegewijde mag er nooit aan denken anderen kwaad te doen. Ons gebed moet zijn: "O God, laat mij geen fouten begaan. Geef me de kracht om de fouten van anderen te vergeven. Vergeef alstublieft mijn fouten en zegen iedereen in de schepping." Als we zo bidden, worden we vredig. De trillingen van dergelijke gebeden zuiveren de atmosfeer. Wanneer onze omgeving zuiver wordt, heeft dat ook een gunstig effect op ons leven.

Gebeden voor het welzijn van de wereld zijn de hoogste vorm van gebed. Wat nodig is, zijn gebeden die volledig verstoken zijn van egoïstische verlangens. Als we voor de aanbidding bloemen plukken, zijn wij de eersten die van hun schoonheid en geur genieten, ook al is dat niet onze bedoeling. Als we bidden voor het welzijn van de wereld, verruimt ons hart zich. Bovendien helpen deze gebeden ook de wereld.

Zoals een kaars smelt om anderen licht te geven, wil een ware toegewijde zich opofferen om anderen te helpen. Zijn doel is om een geest te cultiveren die vreugde aan anderen schenkt, terwijl hij zijn eigen lijden vergeet. Zulke mensen hoeven niet rond te dwalen op zoek naar God; God zal hen komen zoeken. God zal bij hen zijn, als een dienaar.

# Reïncarnatie

Veel mensen vragen of wedergeboorte echt bestaat. Als dít leven bestaat, waarom zou er dan geen vorig leven bestaan? Het is onjuist te denken dat het leven alleen met redeneren kan worden beoordeeld. Het leven is een mengsel van rede en mysterie.

Omdat we nu leven, moeten we aannemen dat we eerder hebben geleefd en hierna zullen leven. Alles in het universum verloopt in cycli. We kunnen deze regelmaat zien in de veranderende seizoenen, de aarde die om de zon draait, planeten die ronddraaien enzovoort. Daarom is het niet verkeerd te veronderstellen dat geboorte en dood ook cyclisch zijn.

Een tweeling in de baarmoeder was met elkaar aan het praten. Het zusje zei tegen haar broertje: "Ik geloof dat er hierna nog een leven is."

Haar broertje was het er niet mee eens. "Geen sprake van. Er is geen wereld buiten deze wereld die we nu zien en ervaren. Onze wereld is donker en comfortabel. Door deze streng krijgen we alles wat we nodig hebben. We mogen onze verbinding daarmee niet verliezen. We hoeven verder niets te doen."

Het zusje zei: "Ik ben er vast van overtuigd dat er een enorme wereld vol leven is buiten deze donkere wereld."

Haar broertje kon deze argumenten niet accepteren, zelfs niet een beetje.

Het zusje zei toen: "Ik heb nog iets te zeggen. Misschien vind je het moeilijk te geloven, maar ik denk dat we een moeder hebben die ons ter wereld zal brengen."

"Een moeder? Wat een dwaasheid! Wij beiden hebben deze moeder nooit gezien. Ik kan helemaal niet geloven dat er een moeder bestaat die we nog nooit hebben ontmoet."

Het zusje zei: "Af en toe, op stille en rustige momenten hoor ik deze moeder zingen. Ik kan dan de liefde en genegenheid van onze moeder ervaren die ons beschermt en liefkoost."

Heiligen en wijzen die de Waarheid kennen, verspreiden eerst de kennis over wedergeboorte in de wereld. We ervaren de gevolgen van de goede en slechte handelingen die we in dit leven verrichten, niet volledig. Die zullen we in volgende levens ervaren. De reden voor wedergeboorte is het ervaren van de resultaten van onze handelingen.

Op het moment van overlijden zullen er goede en slechte neigingen zijn in het wezen dat het lichaam verlaat. Zonder een stoffelijk lichaam kan het wezen ook niet volgens die latente neigingen handelen. Daarom gaat het leven na de dood opnieuw een lichaam binnen dat daarvoor geschikt is.

Als we ons de tekst van een liedje dat we geleerd hebben toen we jong waren, niet meer herinneren, kunnen we dan zeggen dat we het liedje nooit hebben geleerd? Zo ook kunnen we, als we ons de gebeurtenissen en ervaringen uit een vorig leven niet kunnen herinneren, ook niet zeggen dat er geen vorig leven is geweest. Het is voor de doorsnee mens misschien niet mogelijk om herinneringen uit een vorig leven te hebben, maar wanneer de geest door meditatie subtiel wordt, kunnen we onze vorige levens kennen.

## Is God partijdig?

Sommige kinderen vragen Amma of God een hekel heeft aan slechte mensen en de deugdzamen wel mag. Maar God is niet partijdig. God ziet iedereen als gelijk. De zon schijnt gelijk op alle wezens, bewuste en onbewuste. Als je zegt: "God houdt niet van mij," is dat alsof je de deuren en ramen van je kamer dichtdoet en dan klaagt dat de zon geen licht geeft. De rivier geeft evenveel water aan de sandelhoutboom als aan de Indiase koraalboom die op zijn oever groeit. Het is niet de schuld van de rivier dat de sandelboom lekker ruikt, terwijl de koraalboom vol doornen zit. Evenzo schenkt God zijn zegen in dezelfde mate aan iedereen, maar we kunnen die zegen alleen in ons opnemen in overeenstemming met de aard van onze geest.

De meeste mensen bidden tot God omdat ze iets willen. Terwijl de grafkistenmaker bidt: "God, laat vandaag ten minste één persoon sterven, zodat ik één grafkist kan verkopen", bidden de vrouw en het kind van een zieke man dat hun man en vader snel beter wordt. Welk van deze gebeden moet God verhoren? Wat hen overkomt, zijn de resultaten van hun eigen handelingen. Het heeft geen zin God daarvan de schuld te geven. God schenkt iemand de resultaten van zijn *karma*, maar Hij is nooit partijdig.

De resultaten zijn in overeenstemming met ons handelen. Als we goede daden verrichten, zullen we gelukkig zijn. Als onze daden slecht zijn, zullen we verdriet moeten ervaren. Deze regel is voor iedereen hetzelfde. Sommige mensen handelen echter met de houding "Ik ben niet degene die handelt." Ze geven al hun handelen over aan God en voeren zo hun *karma* uit. Zelfzucht en ego zullen bij hen naar verhouding minder voorkomen. Zulke mensen kunnen meer van Gods genade ontvangen.

In helder water kun je de weerspiegeling van de zon goed zien, maar die is wazig in water vol algen. Evenzo zal een geest vol arrogantie, egoïsme en ander vuil het moeilijk vinden om de genade van God te voelen. Daarvoor moet je hart zuiver zijn; je moet mededogen hebben met hen die lijden. Zulke mensen hoeven niets te doen om Gods genade naar zich toe te laten stromen.

Amma herinnert zich een incident. Er kwamen veel mensen naar een bepaalde *ashram* om de *mahatma* die daar woonde te zien en zijn zegen te krijgen. Toen hij op een dag bezoekers ontving, moest plotseling een klein kind overgeven op de vloer. De stank was ondraaglijk en sommige mensen bedekten hun neus, terwijl anderen om de viezigheid heen liepen. Anderen leverden kritiek hoe onhygiënisch de *ashram* was en gingen weg. Weer anderen klaagden en zeiden: *"Guru*, er heeft daar een kind overgegeven. Het stinkt vreselijk. U moet iemand zeggen dat hij de vloer moet schoonmaken." Toen de *mahatma* dit alles hoorde, stond hij op om de vloer zelf schoon te maken. Maar toen hij daar kwam, zag hij een jongetje het braaksel opruimen en de vloer wassen met water en zeep. Hoewel er veel mensen waren, was alleen dit jongetje op het idee gekomen dit te doen. Het enige wat de anderen deden was klagen. De onbaatzuchtige houding van het jongetje dat blij iets goeds voor anderen deed, sprak de *mahatma* aan. Het hart van de *mahatma* smolt. Hij voelde spontaan medeleven en liefde voor de jongen. Hij dacht:

"Als er meer mensen op deze wereld zouden zijn met dezelfde houding als deze jongen, zou deze wereld een hemel worden."

Iedereen was gelijk in de ogen van de *mahatma*. Toch voelde hij een bijzonder mededogen met deze jongen. De houding van de jongen om de vloer schoon te maken met hetzelfde enthousiasme als waarmee hij het vuil van zijn eigen lichaam waste, maakte hem geschikt om de genade van de *guru* te ontvangen. Gods genade is ook zo. God stort Zijn genade de hele tijd over iedereen uit. Als we een gat op de oever van een rivier graven, stroomt er water in. Evenzo stroomt Gods genade in een hart dat onbaatzuchtig, meedogend en deugdzaam is.

God is onpartijdig. Hij staat boven alle verschillen, heeft een eerlijke visie en is niet gehecht. We moeten onze handelingen en houding zuiveren en een sterk vertrouwen hebben in Gods wil. Als we dit hebben, zullen we zeker Gods genade ontvangen. Dan kunnen we rust en tevredenheid bewaren bij geluk en verdriet, bij winst en verlies, bij succes en mislukking.

# De essentie van spiritualiteit

## De dood Is niet het einde

Kinderen, het verlangen om te blijven leven en de angst voor de dood zijn natuurlijk. Mensen zijn bang voor de dood omdat we bij de dood alles verliezen waar we zo hard voor hebben gewerkt. We kunnen deze angst overwinnen, maar om dat te doen, moeten we leren de dood onder ogen te zien als we nog leven.

Twee patiënten lagen op hun sterfbed in een ziekenhuis. De een was een wereldberoemde schrijver. De ander was een twaalfjarig meisje. De artsen deden hun best om het leven van de schrijver te redden, maar hun behandelingen werkten niet. De fysieke en mentale last van zijn beproeving was te zien in zijn gezicht. Hij begon te jammeren: "Wat zal er met mij gebeuren? Ik zie alleen maar duisternis." In zijn laatste momenten werd hij verteerd door angst en eenzaamheid.

De toestand van het kleine meisje was helemaal anders. Ook zij wist dat de dood voor haar zou komen. Maar toch was ze erg opgewekt. Haar gezichtje straalde door haar glimlach. De artsen en de verpleegsters waren verbaasd. Ze dachten aan de kwelling van de schrijver en vroegen het meisje: "Kind, je glimlacht alsof je je er totaal niet bewust van bent dat je op sterven ligt. Ben je niet bang om dood te gaan?" Ze antwoordde onschuldig: "Waarom zou ik bang zijn voor de dood als mijn allerliefste God de hele tijd naast me staat? Ik hoor dat Hij mij roept: 'Mijn kind, kom naar mij toe.'" Toen ze een paar dagen later stierf, lag er een glimlach om haar kleine lippen.

De schrijver heeft misschien naam en faam verworven, maar toen de dood voor hem kwam, stortte hij helemaal in. Aan de andere kant had het kleine meisje een liefdevolle relatie met God opgebouwd. Ze was er vast van overtuigd dat ze in Zijn handen heel veilig was. Daarom voelde ze helemaal geen angst voor de dood. Als we de dood onbevreesd met een glimlach tegemoet willen treden, moeten we het onschuldige vertrouwen van dit meisje hebben of we moeten denken: "Ik ben niet het lichaam, ik ben het Zelf. Het Zelf sterft nooit."

Hier is een verhaal uit de Upanishaden: Uddalaka was een groot wijze. Hij had een zoon die Svetaketu heette. Toen hij 24 was, keerde Svetaketu terug naar huis na vele jaren studeren in de kluizenaarswoning van zijn *guru*. Hij dacht dat hij alles wist. Uddalaka zag onmiddellijk de valse trots van zijn zoon en wilde dat corrigeren. Op een dag riep hij Svetaketu en zei: "Zoon, ik denk dat je het gevoel hebt dat je elke vorm van kennis op aarde onder de knie hebt, maar heb je díe kennis geleerd waardoor wat niet gehoord wordt, wordt gehoord, wat niet begrepen wordt, wordt begrepen en wat onbekend is, bekend wordt?"

"Wat is dat voor kennis, vader?" vroeg Svetaketu.

Zijn vader antwoordde: "Mijn zoon, net zoals je door een brok klei alles wat uit klei bestaat kunt kennen, zo is het ook met deze kennis. Als je die kent, weet je alles."

"Het kan zijn dat mijn gerespecteerde leraren niet bekend waren met die kennis. Anders hadden ze die met mij gedeeld. Vader, kunt u mij alstublieft die wijsheid geven?"

"Het zij zo", zei Uddalaka. "Breng me een vrucht van die banyanboom daar."

"Hier is hij, vader."

"Snij hem open."

"Het is gebeurd."

"Wat zie je daar?"

"Enkele zaadjes, vader, buitengewoon klein."

"Snij er eentje open."

"Hij is opengesneden, vader."

"Wat zie je daar?"

"Helemaal niets."

Uddalaka zei: "Mijn zoon, die subtiele essentie die je niet kunt waarnemen, daaruit is deze enorme banyanboom voortgekomen. Die subtiele essentie is het fundament van alle bestaan. Beste jongen, die allerfijnste essentie, het hele universum heeft Dat als zijn ziel. Jij bent Dat, Svetaketu."

Alles komt voort uit dit zogenaamde 'niets'. Dat is inderdaad het mysterie van het leven. Als

45

op een dag een boom, of wat dan ook, verdwijnt, weet je niet waar die heen is gegaan. Dat is het geval bij alle levende wezens. We komen uit de oneindigheid van het niets voort. In werkelijkheid zijn we, zelfs als we in deze wereld leven, niets. Uiteindelijk verdwijnen we weer in deze zee van niets. Maar dat niets is geen leegte, maar zuiver onverdeeld bewustzijn, dat wat de geschriften *sat-chit-ananda* noemen, zuiver bestaan, zuiver bewustzijn, zuivere gelukzaligheid.

In werkelijkheid komen we uit die totaliteit van bewustzijn voort en gaan we terug naar diezelfde totaliteit. Daarom zeggen grote meesters dat de dood, als hij positief wordt bekeken, een transformerende en mooie ervaring kan zijn. Als we de dood zien, wanneer we gevangen zijn in onze kleine wereld van beperkingen, veroorzaakt hij grote angst. Omgekeerd, wanneer we hem vanuit het perspectief van de totaliteit bekijken, bevrijdt hij ons van alle vrees, pijn en angst. Hij brengt ons voorbij alle beperkingen.

In feite is de dood niet het einde van het leven. We eindigen elke zin met een punt. We doen dit om de volgende zin te kunnen schrijven. De dood is als deze punt. Dood voor hen die geboren zijn en geboorte voor hen die sterven zijn voorbestemd. De dood is gewoon een voortzetting van het leven. Als we ons vertrouwen in God stellen en ons bewust zijn van de waarheid, kunnen we de dood en de angst voor de dood zeker overwinnen.

## De hoogste gelukzaligheid hier en nu

Kinderen, de geschriften zeggen dat bevrijding het uiteindelijke doel van het menselijk leven is. Het is niet het ervaren van hemelse genoegens en vreugde of na onze dood aankomen in het verblijf van onze favoriete godheid. Bevrijding is de hoogste gelukzaligheid hier en nu. Het is vrij zijn van alle vormen van intellectuele en emotionele gebondenheid, een toestand waarin alle zorgen verdwijnen en je je vredig voelt, ongeacht je omstandigheden.

Het is onjuist te denken dat bevrijding iets is wat je na de dood bereikt. Bevrijding moet ervaren worden terwijl je in deze wereld leeft. Daar heb je het het meeste nodig. Juist terwijl we hier leven, in deze wereld, in de chaos en verwarring van allerlei situaties, op fysiek, emotioneel en intellectueel vlak, moeten we deze zeer mooie ervaring van totale onafhankelijkheid hebben. Die ervaring betekent niet weglopen en ontsnappen uit het leven. Integendeel, het is volledig leven en alles accepteren wat op onze weg komt. De regenboog vervult ons alleen met schoonheid en vreugde als we al zijn kleuren in dezelfde mate accepteren. Net zo ligt de het opwindende en de schoonheid van het leven in het zien van de eenheid door alle tegenstrijdigheden heen. Zie die eenheid overal en doe dan wat je in deze wereld moet doen. Spiritualiteit is dus geen ontkenning van het leven, maar een bevestiging van het leven.

Het leven zit vol tegenstellingen. We kunnen ons geen wereld voorstellen zonder comfort en ontbering, geboorte en dood, licht en duisternis. Verdriet ontstaat wanneer we slechts één aspect van het leven accepteren en het andere verwerpen. We willen altijd gezond zijn, maar nooit ziek. We accepteren het leven, maar wijzen de dood af. We waarderen en verwelkomen succes, maar wijzen mislukking af. Het leven kan niet bestaan zonder tegenovergestelde ervaringen. Het hoogtepunt van spirituele verwerkelijking is het leven in zijn totaliteit accepteren en alle tegenstellingen zien als verschillende kanten van hetzelfde levensverschijnsel, het enige echte bewustzijn. Alleen dan zullen we vrij zijn van alle verdriet en in alle situaties ononderbroken geluk ervaren. Als we ons realiseren dat comfort en ontberingen de aard van het leven zijn, kunnen we ze met gelijkmoedigheid accepteren.

Er woonde eens een *sannyasi* in een hut in een dorp. De mensen respecteerden hem vanwege zijn zuivere en eenvoudige levensstijl. De ongehuwde dochter van een zakenman uit dat dorp werd zwanger. Eerst wilde ze niet zeggen wie de vader van het kind was. Maar haar familieleden zetten haar onder druk en uiteindelijk zei ze dat het de *sannyasi* was. Nadat de vader van het meisje de *sannyasi* een uitbrander had gegeven, zei hij: "Omdat je de reputatie van mijn dochter hebt geruïneerd, moet jij het kind opvoeden." Zonder ook maar de minste woede of verlegenheid zei de *sannyasi*: "Zo zij het."

Zodra het meisje bevallen was, vertrouwde de vader het kind aan de *sannyasi* toe. Nu haatten de dorpelingen de monnik en ze beledigden hem geregeld, maar hij nam het nooit serieus. Hij voedde het kind liefdevol op. Na een jaar begon het meisje berouw te krijgen. Ze ging naar haar vader en vertelde hem dat de *sannyasi* niet de vader was, maar een jongen uit de buurt. De zakenman verontschuldigde zich onmiddellijk bij de *sannyasi*. "Vergeef me alstublieft dat ik aan u getwijfeld heb en u beledigd heb. We zullen het kind terugnemen."

"Zo zij het," zei de *sannyasi*.

Onze ware aard is de enige bron van vrede die door geen enkel probleem in deze wereld verstoord kan worden. Degenen die deze waarheid hebben gerealiseerd, weten dat niets van hen gescheiden is. Omdat ze het hoogste bewustzijn in alle levende en inerte wezens zien, houden ze van iedereen en dienen allen. Ze accepteren alle omstandigheden met gelijkmoedigheid.

Leven en liefde zijn niet twee; ze zijn één. Zonder liefde is er geen leven en omgekeerd. Wanneer dit fundamentele principe in handelen wordt omgezet, is het spiritualiteit. Dat is werkelijk zelfrealisatie of bevrijding. Mensen over de hele wereld zeggen: "Ik hou van je." Het lijkt erop dat liefde gevangen zit tussen het besef van 'ik' en 'jij'. Spirituele oefeningen helpen ons om geleidelijk de ultieme waarheid te beseffen: "Ik ben liefde".

Om dit te bereiken moeten we spiritualiteit begrijpen en ons bewust inzetten. Spiritualiteit is het begrijpen van de aard van de geest. Het is een wetenschap die ons leert hoe we vreugde en tevredenheid kunnen ervaren zonder onrustig te zijn of verstrikt te raken in de ups en downs van het leven. Dit is van het grootste belang in het leven.

## Religie en spiritualiteit

Elk geloof heeft twee aspecten: het religieuze en het spirituele. Religie is de buitenkant, spiritualiteit is de innerlijke essentie. Spiritualiteit betekent bewustwording van je ware aard. Zij die zich inzetten om hun ware Zelf te leren kennen, zijn de ware toegewijden. Wat iemands geloof ook is, als de spirituele basisprincipes worden begrepen en in de praktijk worden gebracht, kan men het uiteindelijke doel van eenheid met God bereiken. Maar als we de spirituele principes niet in ons opnemen, zal religie blind geloof worden en ons binden.

Religieuze eenheid komt voor uit de eenheid van harten. Als die eenheid er niet is, dan is het voor de mensheid onmogelijk om samen te komen en als een team te werken voor het collectieve welzijn. We drijven alleen uit elkaar, onze inspanningen zijn versplinterd en de resultaten onvolledig.

Religie is een aanwijsstok of een uithangbord. Het doel is spirituele ervaring. Als iemand bijvoorbeeld naar een boom wijst en zegt: "Kijk

53

eens naar die boom. Zie je de vrucht die aan die tak hangt? Als je die eet, bereik je onsterfelijkheid." Als iemand dit tegen ons zou zeggen, moeten we in de boom klimmen, de vrucht plukken en opeten. Als we in plaats daarvan de vinger van de persoon vasthouden, zullen we nooit van de vrucht genieten. Hetzelfde gebeurt wanneer mensen zich vastklampen aan de letterlijke woorden van de geschriften in plaats van de principes waarnaar ze verwijzen te begrijpen, in zich op te nemen en in de praktijk te brengen.

Religieuze teksten alleen maar lezen zonder te proberen hun principes in je op te nemen, is alsof je in een boot zit, maar die nooit gebruikt om naar de overkant te roeien. Net als de boot zijn de geschriften een middel, geen doel op zich.

In onze onwetendheid en ons beperkte begrip beperken we *mahatma's* tot de kleine hokjes van religie. De woorden van de *rishi's* en *mahatma's* zijn sleutels om de schat van ons Zelf te ontsluiten. Door misverstand gebruiken we die sleutels echter alleen om met elkaar te ruziën. Op deze manier blazen we ons ego alleen maar verder op en zetten we onszelf gevangen.

Als dit zo doorgaat, zal begrip en interreligieuze samenwerking altijd een verre droom blijven.

Eens schilderde een beroemde kunstenaar een portret van een bekoorlijke jonge vrouw. Iedereen die het schilderij zag, werd verliefd op haar. Sommigen vroegen de schilder of de vrouw zijn geliefde was. Toen hij nee zei, wilde iedereen per se met haar trouwen en stonden ze niemand anders toe met haar te trouwen. Ze vroegen: "We willen weten waar we deze mooie vrouw kunnen vinden."

De schilder zei tegen hen: "Het spijt me, maar ik heb haar nooit gezien. Ze heeft geen nationaliteit, religie of taal. Wat je in haar ziet, is ook niet de schoonheid van een individu. Ik gaf gewoon ogen, een neus en een vorm aan de schoonheid die ik in mezelf zag."

Maar niemand geloofde de schilder. Boos beschuldigden ze hem ervan dat hij loog. "Je wilt haar voor jezelf houden!"

De schilder zei kalm: "Ga niet uit van je eerste indruk bij dit schilderij. Zelfs als je over de hele wereld zoekt, zul je haar niet vinden. Ze is de essentie van alle schoonheid."

Toch negeerden de mensen de woorden van de schilder en werden verliefd op de verf en het schilderij. In hun intense verlangen om de mooie vrouw te bezitten maakten ze ruzie en vochten met elkaar en kwamen uiteindelijk om.

Ook wij zijn zo. Tegenwoordig zoeken we naar een God die alleen in afbeeldingen en geschriften te vinden is. Bij die zoektocht zijn we de weg kwijtgeraakt.

Terwijl *mahatma's* belang hechten aan spirituele waarden, hechten hun volgelingen meer belang aan organisaties. Daardoor zijn de godsdiensten, die bedoeld waren om vrede en rust in de wereld te verspreiden door de mensen met de draad van liefde te verbinden, de oorzaak van oorlogen en conflicten geworden. *Mahatma's* zijn de belichaming van spiritualiteit. Hun onbaatzuchtige levens zijn de belichaming van echte religie. Dus de snelste manier om spiritualiteit te begrijpen en juist te beoefenen is het observeren van *mahatma's*.

De kracht van alle religies ligt in spiritualiteit. Spiritualiteit is het cement dat het bouwwerk van de samenleving versterkt. Een zogenaamd religieus leven leiden zonder spiritualiteit te assimileren is als het bouwen van een toren door simpelweg stenen op te stapelen zonder cement te gebruiken. Hij zal gemakkelijk instorten. Religie zonder spiritualiteit is levenloos, als een intern orgaan dat is afgesneden van de bloedsomloop.

## De Schepper en de schepping

Kinderen, volgens *Sanatana Dharma* zijn de Schepper en de schepping niet twee, maar één. Wat is hiervan de reden? Niets is gescheiden van de Schepper, en dus zijn de Schepper en de schepping hetzelfde.

In de geschriften staan veel voorbeelden die de relatie tussen de Schepper en de schepping laten zien. Ook al zijn gouden sieraden er in verschillende soorten en maten, in werkelijkheid zijn ze allemaal alleen maar goud. Hoeveel golven er ook in de zee zijn, geen enkele is gescheiden van de oceaan. Evenzo zijn God en het universum niet gescheiden, maar één.

De dans komt van de danser. Voor de dans, tijdens de dans, maar ook na de dans is er alleen de danser. Evenzo is er vóór de schepping, tijdens de schepping en ook na de schepping alleen God. Alles is God. Er is alleen maar God. *Sanatana Dharma* leert ons dat er niets anders is dan God.

Een koning verzocht alle kunstenaars in zijn koninkrijk om schilderijen te maken die de ware schoonheid van de Himalaya tot uitdrukking zouden brengen. Talloze kunstenaars namen deel. Allemaal maakten ze buitengewoon mooie schilderijen. De koning en zijn minister gingen de beste uitkiezen. Elk schilderij was nog mooier dan het vorige. Eindelijk kwamen ze bij het laatste. De kunstenaar onthulde zijn doek. Het was de mooiste berg van de Himalaya. Je kreeg het gevoel alsof je naast de echte Himalaya stond. Toen begon de kunstenaar, tot grote verbazing van iedereen, de berg in zijn schilderij te beklimmen. Terwijl de koning en zijn gevolg toekeken, beklom de kunstenaar de hoogste top. Toen verdween de schilder in het schilderij.

God is als de kunstenaar in dit verhaal. In Zijn schepping van het universum is God alomtegenwoordig. Tegelijkertijd lijkt Hij onzichtbaar. Omdat we God niet met onze vijf zintuigen of de geest kunnen waarnemen, blijft Hij voor ons verborgen. Maar toch kunnen we God ervaren omdat Hij ons eigen ware Zelf is. Dus als we God in onszelf realiseren, kunnen we de waarheid ervaren dat God en het universum één zijn.

God is niet een individu dat op een gouden troon hoog in de hemel zit. God is de alles doordringende goddelijkheid in alle dingen. Als onze eigen vinger per ongeluk ons oog prikt, vergeven we het de vinger en kalmeren we het oog. Dit doen we omdat de vinger en het oog niet van ons gescheiden zijn. Evenzo is het ons *dharma* om zelfs de kleinste vorm van leven lief te hebben en te dienen in het bewustzijn dat God in alles verblijft. Dit is de grootste aanbidding van God.

# De essentie van alle religies

Kinderen, God leeft in ons hart. De ware aard van God en onze eigen ware aard zijn één en hetzelfde. Godsdiensten leren ons dat God de mens naar zijn eigen beeld heeft geschapen. Als we dit horen, vragen velen zich misschien af waarom we de aanwezigheid van God dan niet kunnen voelen en echt geluk kunnen ervaren. Het is waar dat Gods aard dezelfde is als de onze. Maar door onze onwetendheid en ons ego is God, die onze ware aard is, voor ons onzichtbaar geworden; we kunnen Hem niet ervaren. In tegendeel: we ervaren verdriet en mentale verwarring.

Toch is het zo dat alle religies ons de weg naar ware gelukzaligheid wijzen. Maar de meesten van ons begrijpen de echte lessen van religie niet. We zijn helemaal gefixeerd op opzichtige rituelen en gebruiken. Stel je tientallen potten voor die gevuld zijn met honing. Als we niet verder kijken dan de verschillende kleuren en vormen van de potten, hoe kunnen we dan ooit de zoetheid van de honing proeven? Zo is het nu met ons gesteld. In plaats van de essentie van de leer van onze religie te begrijpen, worden we in beslag genomen door de oppervlakkige aspecten ervan.

Eens besloot een man zijn 50$^{ste}$ verjaardag groots te vieren. Hij drukte de uitnodigingen op mooi, duur papier. Het hele huis werd geschilderd en versierd. Hij kocht ook een prachtige kroonluchter en hing die in het midden van zijn feestkamer. Hij versierde ook de omgeving van het huis. Hij kocht dure kleding, een diamanten ring en een gouden ketting en huurde een beroemde chef-kok in om een uitgebreid feestmaal te koken.

Eindelijk brak de grote dag aan. Toen de tijd naderde waarop de gasten zouden komen, deed hij zijn nieuwe kleren, ring en ketting aan en wachtte in de feestzaal. Het feestmaal was klaar en de bediening in uniform stond klaar. Maar er kwam niemand. Naarmate de tijd verstreek werd hij steeds onrustiger. "Waar is iedereen?" Op dat moment zag hij de stapel uitnodigingen op zijn tafel liggen. Onder het decoreren van zijn huis en de omgeving was hij domweg vergeten ze te posten.

Wij lijken veel op deze man. Door de zorg voor ons drukke leven vergeten we het belangrijkste doel van het leven na te streven. Hierdoor kunnen we geen echte vrede en tevredenheid ervaren.

Degenen die verdiept zijn in de oppervlakkige aspecten van hun religie missen vaak de essentie van hun religie; het lukt hun niet om de aanwezigheid van God in zich te ervaren. Een tuinman die het gazon maait, ziet alles voor hem alleen als gras, maar een ayurvedische kruidenkenner ziet planten met geneeskrachtige eigenschappen verborgen in het gras. We moeten als de kruidenkenner worden en de werkelijke waarden realiseren die de kern van onze religie vormen, de fundamentele principes ervan, en die in ons op nemen.

Kinderen, probeer de innerlijke essentie van je religie te begrijpen en leer de echte principes achter de rituelen en vieringen ervan. Alleen op die manier kun je de aanwezigheid van God in je ervaren.

## Van jezelf houden

Kinderen, we leven in een tijd waarin mensen niet alleen anderen haten, maar ook zichzelf. Daarom zien we een toename van het aantal zelfmoorden en psychisch destructieve gewoonten. Alle religies, spirituele leiders en psychiaters benadrukken dat het belangrijk is om niet alleen van anderen houden, maar ook van onszelf.

Mensen geloven over het algemeen dat 'van onszelf houden' betekent van ons fysieke lichaam houden. Velen van ons besteden er veel tijd en geld aan om onze fysieke schoonheid en gezondheid te behouden. Veel mensen zitten na het opstaan urenlang voor de spiegel. Ze gaan naar schoonheidssalons en fitnesscentra. Aan zulke dingen besteden ze veel tijd en geld. Sommigen proberen hun donkere huid lichter te maken of hun witte huid donkerder. Sommigen verven hun grijze haar zwart. Sommigen verven hun zwarte haar rood of zelfs groen. Hoewel het belangrijk is om voor je lichaam en gezondheid te zorgen, zijn veel van deze dingen overdreven.

Maar denkt er iemand na over de kostbare tijd die men hierdoor verspilt? Tragisch genoeg lijkt niemand zich te bekommeren om het verbeteren van hart en geest.

In een warenhuis met meerdere verdiepingen waren niet genoeg liften. Daarom moesten de klanten lang op een lift wachten. Moe van het wachten begonnen sommige klanten te klagen en zorgden voor onrust. De manager begreep dat het gevolgen kon hebben voor de zaak, als het probleem niet snel werd opgelost. Hij probeerde een oplossing te bedenken. Eindelijk had hij een idee. Hij plaatste verschillende spiegels op de plaats waar de mensen op de liften moesten wachten. Hij liet ook spiegels installeren op de wanden in de liften. Zodra hij dit gedaan had, hielden alle klachten op. Niemand voelde onder het wachten de tijd voorbijgaan omdat ze nu allemaal helemaal in beslag genomen werden door het kijken in de spiegel, het borstelen van hun haar en aanbrengen van make-up. Ze gingen hiermee zelfs door in de liften.

Net zoals we ons lichaam wassen en ver-fraaien, zo moeten we ook onze geest reinigen.

Hoe doen we dit? Door snel alle negatieve en schadelijke gedachten of emoties die opkomen te verwijderen. Ook moeten we ons intellect trainen om met onderscheidingsvermogen te denken. Om dit te doen moeten we spirituele kennis opdoen door naar *satsangs* te luisteren en tijd door te brengen met *mahatma's* en andere spiritueel ingestelde mensen. De echte betekenis van 'van onszelf houden' is de goddelijkheid in ons naar buiten laten schijnen.

# Gezinsleven

## Hou je liefde niet opgesloten in je hart

Kinderen, veel vrouwen vertellen me: "Als ik de pijnlijke gevoelens in mijn hart met mijn man deel, troost hij me nooit. Hij toont me niet eens een beetje liefde." Als de mannen hierop worden aangesproken, zeggen ze: "Dat is niet waar. Ik hou heel veel van haar, maar ze klaagt alleen maar." Dus hoewel ze allebei van elkaar houden, heeft geen van beiden baat bij die liefde. Ze zijn als twee mensen die aan de oever van een rivier wonen en van de dorst sterven.

In werkelijkheid is er liefde in iedereen. Maar liefde die je niet uitdrukt, is als honing die in een rots opgesloten zit. We kunnen de zoetheid niet proeven.

Hou je liefde niet opgesloten in je hart. We moeten onze liefde uitdrukken door onze woorden en daden. We moeten elkaar liefhebben met een open hart. We moeten leren onze liefde te delen.

Eens bezocht een monnik een gevangenis. Daar sloot hij vriendschap met de gevangenen. Onder hen was een jongeman. De monnik legde zijn hand op de schouder van de jongen en streelde liefdevol zijn rug. Hij vroeg hem: "Mijn jongen, waarom ben je hier terechtgekomen?"

De tranen stroomden over het gezicht van de jongen en hij zei: "Als ik in mijn jeugd iemand had gehad die liefdevol zijn hand op mijn schouders had gelegd en vriendelijk tegen me had gepraat, zou ik nooit in deze gevangenis zijn beland."

Het is buitengewoon belangrijk om kinderen liefde te geven, vooral in hun jonge jaren. In hun jeugd moeten we ze leren om liefde te ontvangen en aan elkaar te geven.

Liefde mag niet in je hart verborgen blijven. Het is om te delen door onze woorden, blik en handelingen. Liefde is de enige rijkdom die iemand gelukkiger maakt als hij het geeft dan als hij het ontvangt. Het is rijkdom die we bezitten maar niet zien.

Laten we dus de liefde die we in ons hebben tot leven brengen. Laten we het in de wereld uitdrukken door al onze handelingen, woorden en gebaren. Laten we de liefde niet beperken binnen de grenzen van religie, geloof of kaste. Laat het overal vrij stromen. Mogen onze harten elkaar omarmen en ontwaken en de gelukzalige liefde in ons delen. Moge liefde alle wezens omarmen en stromen. Dan wordt ons leven gezegend en goddelijk.

## Cultuur in het onderwijs

Kinderen, vroeger werd in ons land bewustzijn van de spirituele principes beschouwd als het belangrijkste aspect van het leven. Tegenwoordig is materiële kennis echter belangrijker dan spiritualiteit. Het heeft geen zin om te proberen om de klok terug te draaien. Zulke pogingen leiden alleen maar tot teleurstelling. Wat nu belangrijk is, is te leren hoe we vooruit kunnen gaan zonder dat de waardevolle overblijfselen van onze cultuur worden vernietigd.

Lang geleden werden kinderen pas op vijfjarige leeftijd naar school gestuurd. Tegenwoordig geven we kinderen op voor de kleuterschool als ze nog maar twee en een half jaar oud zijn. Tot kinderen vijf zijn, moeten we ze alleen liefde geven. We mogen hun vrijheid op geen enkele manier belemmeren. Ze moeten kunnen spelen zoals ze willen. Het enige wat we hoeven te doen is op hun veiligheid letten: hen beschermen tegen vuur of in het water vallen. Hoe ondeugend ze ook worden, we moeten ze alleen liefde geven. Zelfs als we hen op hun fouten wijzen, moeten we dat met ontzettend veel liefde doen. Net zoals ze negen maanden lang beschermd in de baarmoeder van hun moeder leefden, moeten ze de eerste vijf jaar van hun leven beschermd blijven in een andere baarmoeder, een baarmoeder van liefde. Maar tegenwoordig gaat dit niet meer zo.

In naam van het onderwijs leggen we een zware last op de schouders van onze kinderen, veel meer dan ze aankunnen. In de tijd dat onze kinderen met hun vriendjes zouden moeten spelen, sluiten we ze op in klaslokalen, als vogels in een kooi. Bovendien, als de kinderen vanaf de kleuterschool niet tot de besten van de klas behoren, worden de ouders erg gestrest. Dan zetten de ouders hun kinderen nog meer onder druk.

Kinderen leven in een wereld van totale onschuld. Ze groeien terwijl ze verhalen aan bloemen en vlinders vertellen. Als we naar hun wereld kijken, krijgen we een gevoel van verwondering. Het is hun aard om gelukkig te zijn en geluk naar anderen te verspreiden. Maar in plaats van de onschuld van hun kinderen over te nemen, slepen de ouders hun kinderen mee naar hun eigen wereld, de wereld van wedijver en frustratie.

Er waren eens twee buurkinderen aan het spelen en de handen van het ene kind raakten licht gewond. Toen zijn moeder dit zag, berispte zij de moeder van het tweede kind. Toen de onenigheid uit de hand liep, kozen ook de echtgenoten en de buren partij. De zaak escaleerde. Te midden van dit alles ging iemand op zoek naar de kinderen. Toen hij ze vond, zag hij ze vrolijk met elkaar spelen; ze waren hun ruzie helemaal vergeten.

Tegenwoordig nemen ouders niet de tijd om hun kinderen het doel van het leven uit te leggen of hen te helpen een levensstijl aan te leren die hen naar dat doel leidt. Niemand lijkt de tijd te nemen om de aangeboren interesses van zijn kind te ontdekken en zijn verborgen talenten te versterken en te ontplooien. Gezonde competitie op school kan kinderen helpen om hun studie te verbeteren en hun capaciteiten te ontwikkelen, maar de mate van wedijver die we tegenwoordig zien, leidt alleen maar tot stress. Als ze niet voldoen aan de verwachtingen bij hun examens, raken ze mentaal overspannen en hebben de rest van hun leven te maken met teleurstelling.

Kinderen, we moeten nadenken over het doel van het onderwijs. Het is waar dat het moderne onderwijs het mogelijk maakt om een diploma te behalen en goedbetaalde banen te vinden, maar zal dit ons blijvende innerlijke rust geven? Als we niet bereid zijn om culturele waarden op te nemen in het moderne onderwijs, zullen we *Ravana's* grootbrengen en geen *Rama's*. Bewustzijn van culturele waarden is de basis van vrede en geluk in ons leven. Alleen door spiritualiteit kunnen we echte cultuur en hoogste wijsheid ontdekken.

## Kinderen opvoeden in de wereld van vandaag

Kinderen, dit is een tijdperk waarin corruptie in de politiek, verval van waarden en mishandeling van vrouwen toenemen. Wat is de oorzaak? De wereld waarin we leven is als een supermarkt geworden; werkelijk alles is voor iedereen beschikbaar. Zoveel dingen trekken onze aandacht op zoveel manieren: het internet, mobiele telefoons enzovoort. Om ons evenwicht in deze moderne tijd te bewaren moeten we een sterk fundament bouwen gebaseerd op *dharma* en waarden. We moeten al in de kindertijd beginnen op deze manier de geest te disciplineren.

Onze kinderen opvoeden betekent niet alleen dat we ze berispen en straffen. We moeten hen naar goedheid leiden. We moeten ze de juiste weg wijzen en als ze iets goeds doen, moeten we ze aanmoedigen om door te gaan. We moeten ze niet overbelasten met studeren. Ze hebben voldoende vrijheid nodig om hun verbeelding en onafhankelijk denken te ontwikkelen en hun emoties te verkennen. Daarnaast moeten we ze laten zien wat goed en fout is, wat *dharma* is en wat *adharma* is. Dingen die niet kunnen worden geleerd door uitbranders en advies, kunnen worden geleerd door aanmoediging en door een voorbeeld van intelligent gedrag.

Er was eens een jongen die veel voedsel verspilde. Zijn vader probeerde hem heel liefdevol te laten inzien dat dit verkeerd was. Hij gaf hem zelfs een stevige uitbrander, maar niets hielp. Uiteindelijk besloot hij hem een video te laten zien. In het begin van de video zaten twee meisjes in een restaurant kip te eten. Onder het eten maakten ze grappen en lachten ze. Toen ze genoeg gegeten hadden, gooiden ze hun half opgegeten maaltijden in de vuilnisemmer. In de volgende scène van de video was er een arme man die de vuilnisemmer doorzocht. Toen hij de twee grote stukken kip zag die de meisjes hadden weggegooid, werd hij blij en stopte ze in een plastic zakje. Op deze manier vulde hij langzaam de plastic zak met het weggegooide voedsel van verschillende mensen die in het restaurant hadden gegeten. Daarna volgde de video hem terug naar zijn dorp, waar hij al het voedsel dat hij had verzameld met de kinderen daar deelde. De gezichten van de kinderen straalden van geluk. Al snel was het eten op. De kinderen hadden echter nog steeds honger en dus begonnen ze de binnenkant van de plastic zakken af te likken. De zoon van de man die naar de video keek, begon te huilen. Hij zei: "Pap, ik zal nooit meer voedsel verspillen."

Het is belangrijk om onze kinderen de waarde van discipline bij te brengen. Het is gemakkelijk in nat cement te tekenen, maar als het eenmaal opgedroogd is, is het onmogelijk. Kinderen zijn als nat cement. Daarom moeten ouders hun kinderen zeer veel liefde en genegenheid geven. Ze moeten hen waarden en een goede manier van leven inprenten. Ouders moeten een rolmodel voor hun kinderen zijn. Als we dit doen, zullen onze kinderen zich bewust worden van *dharma* en zullen goede gewoonten als van nature in hen opkomen. Ze zullen elke verleiding kunnen weerstaan die het leven op hun pad werpt. Ze zullen kunnen overleven. Ons levensdoel mag niet alleen zijn om geld verdienen en comfort verwerven. We moeten onze kinderen een besef meegeven dat er belangrijkere doelen in het leven zijn. Als we dit kunnen, zal de samenleving geleidelijk verbeteren en zal er op alle gebieden vooruitgang zijn.

## Harmonieuze relaties

Kinderen, tegenwoordig zien we veel huwelijken waarin geen echte liefde is. Dergelijke huwelijken zijn vol conflicten en wrijving. De reden hiervoor is een fundamenteel gebrek aan begrip tussen man en vrouw. In de meeste gevallen proberen ze elkaar niet eens te begrijpen. Om een echte relatie te ontwikkelen is een fundamentele kennis van de menselijke aard, de aard van mannen en vrouwen, essentieel. Een man moet weten hoe een vrouw echt is en omgekeerd. Helaas ontbreekt dit begrip tegenwoordig; ze wonen in twee geïsoleerde werelden zonder onderlinge verbinding. Ze zijn als twee gescheiden eilanden, zonder een verbinding, zelfs geen veerdienst.

Mannen zijn meestal intellectueel, terwijl vrouwen eerder emotioneel zijn. Ze wonen in twee verschillende plekken, langs evenwijdige lijnen. Er vindt geen echte ontmoeting plaats. Hoe kan er dan liefde tussen de twee zijn? Als de een 'ja' zegt, zegt de ander waarschijnlijk 'nee'. Je zult zelden de harmonieuze overeenstemming van 'ja' en 'ja' of 'nee' en 'nee' horen. Zowel man als vrouw moeten elkaars verschillende aard begrijpen en accepteren. Ze moeten zich allebei heel bewust inspannen om tot de gevoelens van de ander, tot hun hart, door te dringen. En dan moeten zij proberen hun problemen met dit begrip op te lossen. Ze mogen niet proberen elkaar te overheersen. Ze mogen niet tegen elkaar zeggen: "Ik zeg 'ja' en daarom moet jij ook 'ja' zeggen."

We moeten een dergelijke houding loslaten, want dat leidt alleen maar tot woede, zelfs tot haat. De liefde in zo'n relatie is erg oppervlakkig. Als de kloof tussen deze twee centra, het intellect en de emoties, kan worden overbrugd, zal de zoete muziek van liefde eruit voortkomen. Deze verbindende factor is spiritualiteit. Als je naar onze voorouders kijkt, zul je zien dat hun huwelijken over het algemeen liefdevoller waren dan die van vandaag. Ze hadden veel meer liefde en harmonie in hun leven omdat ze een beter begrip hadden van de spirituele principes en de implicaties ervan in het dagelijks leven.

Kinderen, leer elkaars gevoelens te respecteren. Leer met liefde en zorg naar elkaars problemen te luisteren. Als je naar je partner luistert, moet hij of zij kunnen voelen dat je echt geïnteresseerd bent en dat je oprecht wil helpen. Je partner moet je aandacht en bezorgdheid en ook je respect en bewondering kunnen voelen. Het is nodig de ander helemaal te accepteren en er mag geen voorbehoud zijn. Toch zullen er zeker conflicten voorkomen; er kunnen misverstanden en meningsverschillen ontstaan. Maar later moet men kunnen zeggen: "Het spijt me, vergeef me alsjeblieft. Ik bedoelde het niet zo." Of je zou kunnen zeggen: "Ik hou van je en ik geef heel veel om je, dat mag je niet vergeten. Het spijt me, ik had niet moeten zeggen wat ik zei. In mijn woede verloor ik mijn geduld en mijn onderscheidingsvermogen." Zulke kalmerende woorden helpen gekwetste gevoelens te helen; ze zullen ook bijdragen aan een diep gevoel van liefde tussen jullie, zelfs na een grote ruzie.

## Vertrouwen Is de basis van sterke relaties

Kinderen, de basis van onze relaties moet wederzijds vertrouwen zijn. De relatie tussen man en vrouw, tussen twee vrienden en tussen zakenpartners, ze zijn allemaal alleen duurzaam als er wederzijds vertrouwen is. Het is ons bewustzijn van onze eigen zwakheden dat ons achterdochtig maakt en aanmerkingen op anderen laat maken. Dit leidt tot het onvermogen om van hun liefde te genieten. Uiteindelijk verliezen we ook ons geluk en onze gemoedsrust.

Wanneer twee mensen samen gaan wonen, is onenigheid heel normaal. We zien dit in alle relaties. Het is de menselijke natuur om alle problemen aan de ander te wijten. Meestal weigeren we zelf enige verantwoordelijkheid te nemen. Deze houding is ongezond, vooral voor een spirituele zoeker. Alleen al de gedachte: "Ik ben geen egoïstisch persoon, dus het is niet mijn schuld" is al ego.

Het ego is erg gevoelig. Waar het de grootste hekel aan heeft, is kritiek. Bovendien, wanneer ons ego onhandelbaar wordt, vergroot het onze last door paranoia en angst te creëren. Dit vernielt onze gemoedsrust en schaadt ons vermogen om rationeel te denken.

Twee kinderen waren aan het spelen. De jongen had wat zakgeld. Het meisje had wat chocolaatjes. De jongen zei: "Als je mij chocolaatjes geeft, geef ik je geld." Het meisje stemde daarmee in. Ze gaf hem wat chocolaatjes. Toen de jongen de chocolaatjes gekregen had, nam hij de meest waardevolle munten apart en gaf haar de minst waardevolle. Het meisje had niet in de gaten wat er aan de hand was, ze ging liggen en viel vredig in slaap. De jongen dacht nog steeds: "Ik weet zeker dat ze heel dure chocolaatjes had. In plaats van die aan mij te geven, gaf ze me waarschijnlijk de goedkope. Net zoals ik de meest waardevolle munten apart hield, heeft zij de dure chocolaatjes gehouden." Door al die argwaan kon hij niet in slaap vallen.

Sommige mannen zeggen tegen Amma: "Ik denk dat mijn vrouw een affaire heeft." Sommige vrouwen zeggen tegen Amma: "Ik hou mijn man in de gaten, omdat hij heel zachtjes met iemand door de telefoon praat. 's Nachts kan ik helemaal niet slapen."

Twee mensen die naar liefde, vrede en geluk hunkeren, trouwen, maar door hun achterdochtige aard wordt hun leven een hel, zonder enige vrede. Zolang het monster genaamd achterdocht zich in onze geest ophoudt, zal geen enkele vorm van counseling of advies helpen. Zoveel gezinnen gaan hieraan kapot.

Ook al verklaren mensen met mooie en bloemrijke woorden hun liefde voor elkaar, ergens diep van binnen, geloven de meeste mensen dat nemen het belangrijkste is bij liefde. In werkelijkheid gaat het bij liefde om geven. Alleen door liefde te geven kan men groeien en anderen helpen groeien. Als deze gevende houding er niet is, zal deze zogenaamde liefde alleen maar lijden veroorzaken, zowel voor de minnaar als voor de geliefde. We moeten niet denken: "Is hij een goede vriend voor mij?" Het is beter om te denken: "Ben ik een goede vriend voor anderen?"

Allereerst moeten we bereid zijn van onze partner te houden en hem te vertrouwen. Als we bereid zijn om liefdevol en vol vertrouwen te zijn, zal 95 procent daarvan bij ons terugkomen. Achterdocht creëert achterdocht en vertrouwen creëert vertrouwen. Voordat we aanmerkingen op onze partners maken, moeten we in onszelf kijken. Als we fouten hebben, moeten we die corrigeren.

Wat vaak helpt, is dat mensen in een relatie openlijk met elkaar praten, in plaats van vast te houden aan vermoedens. Aarzel niet om de hulp van vrienden of zelfs professionals in te roepen wanneer dat nodig is. Geduld hebben met elkaar, vertrouwelijk omgaan en er voor elkaar zijn maakt relaties sterk. Het is vooral belangrijk dat we de spirituele wetten begrijpen en leren geluk in onszelf te vinden. Als we dit kunnen, zullen we ook in relaties van geluk genieten.

# Religieuze festivals en geschriften

## Devotie in de Ramayana

Kinderen, na duizenden jaren neemt de Ramayana nog steeds een heel bijzondere plaats in in het hart van de mensen. Waarom? Omdat hierin de essentie van devotie beschreven wordt. De devotie in de Ramayana verzacht en zuivert ons hart. Ook al is de essentiële aard van sopropo's (bittere pompoenen) bitter, als we ze een tijdje in suikerwater laten weken, worden ze toch zoet. Zo ook, wanneer we onze geest met God verbinden en aan Hem overgeven, worden al onze mentale onzuiverheden verwijderd en wordt onze geest zuiver.

In de Ramayana zien we verschillende vormen en uitdrukkingen van devotie. De devotie van Bharata is anders dan die van Lakshmana. De devotie van Sita is anders dan die van Sabari. Eén aspect van devotie is dat je altijd verlangt naar de nabijheid en het constante gezelschap van je geliefde. We kunnen dit aspect van devotie in Lakshmana zien. Lakshmana is altijd bezig met het dienen van Heer Rama. Tot op de dag van vandaag herinneren we ons hem als iemand die voortdurend eten en slaap opgaf om zijn Heer te dienen. Maar Bharata's devotie was niet zo. Zijn devotie was vol kalmte en zachtheid. Hij zag zichzelf als Rama's dienaar en regeerde het land in afwezigheid van Rama als een manier om Rama te aanbidden.

Als iemand voortdurend aan God denkt en zich volledig aan God overgeeft, zullen al zijn daden een aanbidding worden. Aan de andere kant zijn zelfs *puja's* en *homa's* die zonder deze houding in beroemde tempels worden gedaan, slechts werk, geen aanbidding.

De intensiteit van devotie neemt toe bij de afwezigheid van onze geliefde. Dit zien we zowel bij Sita als bij de *gopi's* van Vrindavan. Toen Heer Rama bij Sita was, verlangde zij naar het gouden hert. Ze werd een slaaf van haar verlangen. Maar nadat Ravana Sita had gevangen, smachtte haar hart onophoudelijk naar Rama. In dat intense verdriet om het missen van Rama werden alle wereldse verlangens van Sita verbrand. Haar hart werd opnieuw gezuiverd en ze was in staat om een te worden met God.

De devotie van Hanuman is een combinatie van eigenschappen als onderscheidingsvermogen, enthousiasme, concentratie en intens vertrouwen. Hanuman was eerst een dienaar van Sugriva, maar toen hij Rama zag, richtte zijn toewijding zich helemaal op Hem. Terwijl de band die Hanuman met Sugriva had, van wereldse aard was, was de band met Rama die tussen de *paramatma* en de *jivatma*, de band tussen de allerhoogste Ziel en de individuele ziel. Hanuman laat ook zien hoe je door voortdurend de naam van de Heer te reciteren een ononderbroken denken aan God kunt realiseren.

Om devotie te krijgen hoeft men niet in een hogere klasse geboren te zijn of veel te weten. Een zuiver hart is alles wat nodig is. Dat is wat we zien in Sabari. Ze geloofde haar *guru* helemaal, toen hij haar vertelde dat Lord Rama haar op een dag zou bezoeken. In de verwachting dat Rama zou komen, maakte ze de *ashram* elke dag schoon en verzamelde ze alle benodigdheden om hem te aanbidden. Ze maakte een speciale plek voor Rama om te zitten. Zo gingen dagen, maanden en jaren voorbij. Het lange wachten was niet tevergeefs. Op een dag kwam Heer Rama naar haar hut en genoot haar liefdevolle gastvrijheid. Sabari's verhaal bewijst dat God komt wonen in het hart van hen en die op Hem wachten.

Devotie mag niet alleen emotioneel zijn. Devotie alleen gebaseerd op emotie is intens, maar tijdelijk. Daarom is devotie gebaseerd op kennis noodzakelijk. Devotie mag niet voor de vervulling van onze wereldse verlangens zijn. Nadat de zaden van devotie zijn ontsproten, moeten ze worden geplant in de tuin van kennis. Wanneer ze goede vruchten opleveren, is het doel bereikt.

Rama was in staat de uitdrukking van devotie bij broers, vrienden en onderdanen op te roepen, zelfs bij vogels en andere dieren. Als ergens grootsheid is, gaan we het vanzelf vereren. Dit komt doordat het zaad van devotie in het hart van ieder van ons is verborgen. We moeten het voeden met onze gedachten, woorden en daden. Onze devotie moet toenemen totdat we zien dat God het hele universum doordringt. De Ramayana is een weg die ons naar deze hoogste staat leidt.

## Neem de essentie van religieuze festivals in je op

Kinderen, religieuze festivals zijn meer dan alleen tradities die we eens per jaar vieren. We moeten de boodschap die de kern van deze festivals is, in ons opnemen en in ons leven toepassen. Het ontwikkelen van devotie en spiritueel bewustzijn, terwijl we vooruit blijven gaan in deze materiële wereld, is een essentieel principe achter bijna alle festivals. Dat geldt ook voor de noodzaak om het onrecht dat anderen ons hebben aangedaan, te vergeven en te vergeten. Dit zal overal een sfeer van vrijheid, vriendelijkheid en eenheid creëren en ons in staat te stellen ons hart te openen en anderen te helpen. Verschillen als hoger en lager, werkgever en werknemer, meester en dienaar verdwijnen naar de achtergrond.

Het is altijd de traditie van India geweest om het leven, gebruiken, kunst en kennis te verbinden aan de aanbidding van God. Net zoals alle bijen volgen wanneer de bijenkoningin wordt gevangen, zal alle voorspoed onze kant op komen, als we onze toevlucht tot God zoeken. Meestal rekenen we op God voor materiële zaken, maar als we ons leven kunnen leiden terwijl we God in alles zien en alles als Zijn wil zien, dan zullen we niet alleen materiële maar ook spirituele voorspoed genieten. Er zal voldoening en vrede in ons leven zijn. Een reeks nullen heeft geen waarde, maar als het getal 1 ervoor staat, wordt hun waarde plotseling enorm. Evenzo is God de enige waarheid die alles waarde geeft: we moeten de wereld als God zien.

Veel festivals zijn een uitdrukking van het menselijke verlangen dat de toekomst beter zal zijn dan het heden. Tegenwoordig streeft de mensheid alleen naar uiterlijke verandering. Maar geen enkele verandering in de uiterlijke wereld kan ooit blijvend zijn. Bovendien leidt uiterlijke verandering vaak meer tot verdriet dan geluk. Daarom moeten we, terwijl we proberen de uiterlijke situatie te veranderen, ook proberen onze innerlijke situatie te veranderen. Zo moeilijk is dat niet. Het zijn ons gedrag en onze houding die deze wereld mooi of lelijk maken.

Op een dag ging God op bezoek in de hel. Alle bewoners begonnen te klagen bij God: "God, u bent erg partijdig. We moeten al eeuwen in deze vuile, stinkende hel wonen. En de hemelbewoners hebben al die tijd in het paradijs gewoond. Is dit eerlijk? Mogen wij op zijn minst niet voor een tijdje van plaats wisselen?"

God stemde in met hun gebed. De bewoners van de hemel verhuisden naar de hel en de bewoners van de hel gingen in de hemel wonen. Zo gingen vijf of zes maanden voorbij. Op een dag bracht God weer een bezoek aan de hel. Wat hij zag was ongelooflijk. Overal stonden bomen en bloemen. De trottoirs en straten waren schoon. Mensen bezongen de lof van God. Ze dansten. Overal zag je alleen maar vreugde.

Later bezocht God de oude hemel. Het was pijnlijk om te zien. De akkers waren nu kaal, de planten verdord. Er was nergens een bloem te zien. De straten lagen vol afval, plassen urine en hopen menselijke uitwerpselen. Mensen gebruikten grove taal en raakten voortdurend in gevecht. Kortom, de oude hemel was een hel geworden.

Kinderen, zo is het leven echt. Wij zijn het die hemel en hel creëren.

We moeten leren om vreugde en verdriet gelijkmoedig te accepteren. We moeten proberen een zekere mate van onthechting te ontwikkelen. We mogen niet instorten als we met moeilijkheden worden geconfronteerd en we mogen ook niet egoïstisch in vreugde dansen in tijden van succes. Zonder onthechting zullen we alles snel beu zijn. Sommige mensen worden zo depressief dat ze zelfs zelfmoord plegen. Als we te veel belang hechten aan materieel succes, verliest het leven zijn glans. Als we meer aan God en spirituele ontwikkeling denken, dan zullen de kleine ups en downs van het leven er niet zoveel toe doen. Bovendien zal er geleidelijk een echt eeuwige gelukzaligheid in ons hart groeien.

Wanneer we een festival vieren, moeten we ons meer richten op het verinnerlijken van de verborgen principes ervan dan op de uiterlijke viering. We moeten deze principes in ons leven opnemen en verwerken. Moge genade mijn kinderen helpen om dit te bereiken.

## Navaratri leert ons nederigheid

Kinderen, Vijayadasami is een heilige dag waarop de *guru* de hand van de jongste generatie vasthoudt om de eerste letters van kennis te schrijven. Vijayadasami is ook het hoogtepunt en de afronding van de verering van Shakti, de goddelijke vrouwelijke energie, die op de negen dagen van Navaratri plaatsvindt. Op die dag betreden kinderen de wereld van kennis door met de zegen van de godin van kennis Sarasvati *hari-sri* te schrijven. Het kind kan kennis opdoen omdat het zijn wijsvinger toevertrouwt aan de handen van de *guru*. De wijsvinger, die wijst op de fouten en tekortkomingen van anderen, is een symbool van het ego. Door de wijsvinger aan de *guru* toe te vertrouwen, geeft het kind symbolisch zijn ego over aan de *guru*.

Iemand die echte kennis heeft, zal van nature nederig zijn. Hij zal in iedereen het goede zien. Hij accepteert iedereen met respect en eerbied. Alleen het ego is onze schepping; al het andere is de schepping van God. Dit ego moeten we aan God overgeven.

Vijayadasami markeert zowel voor de geschoolde als de ongeschoolde een nieuw begin in het opdoen van kennis door op dezelfde manier *hari-sri* te schrijven. Kennis bereikt perfectie wanneer iemand de beperkingen erkent van de kennis die hij tot dusver heeft opgedaan en de nederige houding heeft: "Ik moet veel meer kennen en leren." Dan voelt hij enthousiasme om die nieuwe kennis op te doen. Vijayadasami herinnert ons eraan dat we altijd nederigheid, enthousiasme en een houding van overgave in het leven moeten bewaren.

Met Durgashtami worden boeken, muziekinstrumenten en materiaal voor het werk allemaal voor aanbidding klaargezet. Die krijg je weer terug op Vijayadasami. Dit symboliseert het aanbieden van ons leven aan God en het terugkrijgen als een zegen van God. Vijayadasami is een symbool van een nieuw begin in het leven door een nieuw besluit om aan God te denken.

Wanneer we succes hebben, zeggen we: "Dat heb ik gedaan!" Maar als er een mislukking op ons afkomt, zeggen we dat God ons straft. Zo hoort het niet te zijn. We moeten de houding hebben dat God alles doet: "Ik ben slechts een instrument in Uw handen." Navaratri leert ons dat dit bewustzijn in ons moet ontwaken, dat alle successen in het leven het resultaat van Gods zegen en macht zijn, en dat we nooit trots mogen zijn op een succes. Denken aan God en overgave aan God maken het leven gezegend.

Navaratri leert ons het belang van stapsgewijze vooruitgang en uiteindelijke bevrijding via het pad van devotie. Het leert ons dat dit belangrijker is dan materiële prestaties. Door de mentale onzuiverheden te verwijderen en het ego te vernietigen van degenen die van Godsrealisatie hun levensdoel maken, maakt de Goddelijke Moeder onze innerlijke spirituele kennis wakker.

# Geef met Kerstmis het geschenk van de liefde

Kinderen, de kersttijd wekt de sfeer van goedheid, mededogen en mooie verwachtingen op in het hart van de mensen. Kerstmis wijst ons erop dat ons hart vol liefde voor God en onze medemensen moet zijn. Het herinnert ons eraan gevoelens van egoïsme en haat los te laten. *Mahatma's* zoals Christus lieten zulke goedheid in hun leven zien.

Kerstmis is ook de tijd om onze relaties met anderen te verbeteren. Helaas ontwikkelen mensen vaak negatieve gevoelens tegenover hun familieleden, vrienden en collega's. Meestal gebeurt dit wanneer die mensen niet aan onze verwachtingen hebben voldaan. Negatieve gevoelens ontstaan ook doordat we anderen verkeerd begrijpen. In feite is ons begrip van anderen, of het nu juist is of niet, gebaseerd op onze eigen ontwikkeling en ervaring. Een dief denkt dat alle andere mensen van hem willen stelen!

Een vrouw die thuiskwam van haar werk, zag haar dochter staan met een appel in elke hand. Ze zei heel liefdevol: "Mijn lieve dochter, mag ik een appel?"

Het meisje keek naar het gezicht van haar moeder en nam toen een hap van de appel in haar rechterhand. Meteen daarna nam ze ook een hap van de andere appel. Toen de moeder dit zag, betrok haar gezicht. Ze probeerde het te verbergen, maar ze was erg teleurgesteld. Maar het volgende moment bood haar dochter de appel in haar rechterhand aan en zei: "Mam, neem deze. Hij is het zoetst!"

De moeder kon de onschuldige liefde van haar eigen kind niet herkennen. Dit verhaal herinnert ons eraan hoe verkeerd we het kunnen hebben als we anderen beoordelen op basis van ons eigen beperkte begrip.

Hoe ervaren of deskundig we ook zijn, we mogen nooit te snel conclusies trekken en anderen de schuld geven of beledigen. We moeten de goedheid van hart hebben om naar hen te luisteren en hun kant van het verhaal te begrijpen. Zelfs als we denken dat iemand de gruwelijkste misdaad heeft begaan, moeten we hem de kans geven om zijn gedrag te verklaren. Het is mogelijk dat ons begrip van de situatie verkeerd is.

Het maakt iedereen heel blij om met Kerstmis cadeautjes te geven en te krijgen. De beste cadeaus zijn echter niet die je in een winkel koopt. Het is het wegdoen van onze slechte gewoonten en het behandelen van onze familie, vrienden en collega's met liefde en respect. De ware geest van Kerstmis zou door zulke positieve veranderingen in ons hele leven moeten schijnen.

## Shivaratri is om in God op te gaan

Kinderen, tempelfeesten, vieringen en geza-menlijke aanbidding spelen een belangrijke rol om mensen naar God te leiden. Wanneer een groep mensen samen bidt en zich op God richt, zorgt dit voor goede trillingen in de atmosfeer. Als iemand alleen bidt, kan het voor hem moeilijk zijn om de negatieve trillingen in de atmosfeer te overwinnen. Door groepsaanbidding wordt de atmosfeer gunstig om je aandacht op God te richten. Daardoor wordt de ontwikkeling van spiritualiteit in mensen versterkt.

Het echte doel van tempelfeesten is het creëren van een stevige basis om ook na die paar dagen van de vieringen aan God te denken en Hem te aanbidden. Een belangrijk feest is Shivaratri. Shivaratri herinnert ons eraan hoe belangrijk het is negatieve gedachten te verwijderen en volledig op te gaan in gedachten aan God. Het herinnert ons eraan dat we ernaar moeten streven om het belangrijkste doel van het menselijke leven te bereiken.

Shivaratri is een feest van verzaking en ascese. Overdag vast men meestal en 's nachts blijven de mensen op en zingen *bhajans*. De meeste mensen zijn niet bereid om eten of slaap op te geven. Maar Shivaratri moedigt zelfs leken aan om hun liefde voor God te laten ontwaken. Het inspireert hen om af te zien van eten en slaap en die tijd te besteden aan mediteren en het zingen van *bhajans*.

Eens ging een *gopika* 's avonds naar het huis van Nandagopa om vuur te halen voor de olielamp. Ze hoopte baby Krishna te zien. Toen ze binnenkwam, draaide ze een puntje aan het lontje van haar lamp en stak die aan door hem in de vlam van de lamp in het huis te houden. Op dat moment viel haar blik op baby Krishna in zijn wieg. Haar aandacht ging helemaal naar Krishna. Ze merkte helemaal niet dat haar vingers begonnen te verbranden.

Nadat de moeder van de *gopika* enige tijd had gewacht tot haar dochter terugkwam, ging ze naar het huis van Nandagopa om haar te zoeken.

Wat ze zag was ongelooflijk. Haar dochter was zo geabsorbeerd in het kijken naar baby Krishna dat ze de brandende lont met haar eigen vingers vasthield in plaats van met de lamp. De moeder van de *gopika* rende naar haar toe en nam het vuur van haar af. "Wat doe je, mijn dochter", huilde ze. Pas toen werd de *gopika* zich bewust van de buitenwereld. Bij het zien van Krishna was deze *gopika* al het andere vergeten. In die verheven staat van toegewijde extase voelde ze geen pijn. Dit verhaal leert ons dat we, als we liefde voor hogere doelen ontwikkelen, de kracht zullen krijgen om alle mentale en fysieke zwakheden te overwinnen.

Mogen we door het in ere houden van de Shivaratri-rituelen liefde voor God ontwikkelen en een perfecte vorm worden om de genade en zegeningen van Heer Shiva te ontvangen, Shiva die de belichaming is van verzaking, ascese en kennis.

# Krishna aanbidden is Krishna worden

Sri Krishna leefde zo'n 5000 jaar geleden. Dat mensen zich vandaag de dag hem nog steeds herinneren en hem aanbidden, is een bewijs van zijn grootheid. Sri Krishna aanbidden is Sri Krishna worden. Zijn leven moet het rolmodel voor ons leven worden. Het uiterlijk van Sri Krishna is buitengewoon mooi, maar deze schoonheid is niet beperkt tot de fysieke vorm. Het is de onsterfelijke schoonheid van het hart.

*Moksha*, bevrijding van verdriet, is niet iets wat na de dood in een andere wereld wordt bereikt. Het is iets om te begrijpen en te ervaren terwijl we hier in deze wereld leven. Sri Krishna onderwees dit principe door het in zijn leven te laten zien. Het levensverhaal van Sri Krishna leert ons de zin van het leven in deze wereld en hoe we het leven moeten leiden. Hij was een *mahaguru* die zelfs de mislukkingen van het leven met geestdrift vierde. Laat anderen niet huilen, maar leef zodanig dat ze gaan glimlachen; dit was de les die Sri Krishna zijn leven lang meegaf. Hij is de wagenmenner die onze wagen naar gelukzaligheid leidt.

Gewoonlijk ontlenen mensen plezier aan het lijden van anderen. Maar Sri Krishna's innerlijke gelukzaligheid was de lach die uit de volheid van zijn hart overstroomde naar de wereld. Daarom verdween zijn glimlach nooit van zijn gezicht, zelfs niet bij een nederlaag op het slagveld. Hij herinnert ons eraan te lachen om onze eigen dwaasheden en tekortkomingen.

Sri Krishna is een rolmodel voor ons allemaal, ongeacht het gebied waarop we actief zijn. Hij leefde net zo gewoon onder koningen als gewone mensen. Hoewel hij als prins was geboren, verzorgde hij het vee, reed hij in een strijdwagen, waste hij de voeten van anderen en deed zelfs het vuile werk, zoals het opruimen van de borden na een feest. Hij was zelfs bereid om als vredesboodschapper naar de onrechtvaardige partij te gaan.

Hij was een revolutionair die zijn stem verhief tegen ongepaste praktijken. Hij ontmoedigde de mensen om Indra te aanbidden om regen te krijgen en zei dat ze in plaats daarvan de Govardhana-heuvel moesten vereren. Hij legde hun uit dat deze heuvels verantwoordelijk waren voor het tegenhouden van de regenwolken. De eerste lessen in milieubehoud zijn ons zo gegeven door Sri Krishna. Ook nu moeten we ernaar streven om de natuur te beschermen en de harmonie in de wereld om ons heen te behouden. Wanneer de harmonie in de natuur wordt verstoord, vervallen de relaties tussen mensen ook in disharmonie.

De meesten van ons worden moedeloos en lui als we niet het soort werk krijgen dat we leuk vinden. We moeten allerlei werk blij en tevreden kunnen uitvoeren. We moeten er allemaal naar streven het enthousiasme en geduld van Sri Krishna te evenaren. Soms zijn de omstandigheden gunstig, soms ongunstig. Hoe dan ook, voer je taken met enthousiasme uit. Je mag allerlei taken verrichten, maar blijf innerlijk getuige. Dat is de betekenis van de glimlach van Sri Krishna. Dat is het principe dat de kern vormt van Heer Krishna's boodschap aan de wereld.

# Liefde

## Beklim de ladder van de liefde tot de bovenste trede

Kinderen, het enige waar de meeste mensen in deze wereld naar smachten is liefde. Iemand zoekt vrienden, trouwt en leidt een gezinsleven, allemaal voor de liefde. Jammer genoeg is liefde nu juist wat het meest ontbreekt in de wereld van vandaag. Dit komt doordat iedereen liefde wil ontvangen, maar niemand het wil geven. En zelfs als liefde wordt gegeven, komen er veel verwachtingen en voorwaarden bij. Dergelijke 'liefdevolle' relaties kunnen elk moment uiteenvallen. De liefde kan veranderen in haat en vijandigheid. Dit is de aard van de wereld. Als we deze waarheid eenmaal begrijpen, hoeven we geen verdriet meer onder ogen te zien. Warmte en licht zijn de kenmerken van vuur. We kunnen ons geen vuur voorstellen met slechts één van deze twee kenmerken. Evenzo, als we eenmaal accepteren dat er wat verdriet zal zijn in wereldse liefde, dan kunnen we alles gelijkmoedig accepteren.

Er is zuivere liefde in ons allemaal. We hebben de mogelijkheid om zonder verwachtingen van iedereen te houden. Omdat liefde onze ware aard is, gaat die nooit verloren. Een juweel dat in olie ligt, lijkt zijn glans te hebben verloren. Maar de glans kan worden hersteld. We hoeven het alleen maar schoon te maken. Zo ook kunnen we de zuiverste vorm van liefde in ons herstellen door onze mentale onzuiverheden te verwijderen.

Liefde is een trap met veel treden. Tegenwoordig staan de meesten van ons op de onderste trede. We moeten daar niet de rest van ons leven blijven. Gebruik in plaats daarvan elke trede als springplank naar de volgende. We moeten niet stoppen totdat we het hoogste rijk van liefde hebben bereikt. Deze liefde is het hoogste doel in het leven.

"Ik hou van je" is een veel voorkomende uitdrukking. Maar die uitdrukking is onjuist. De waarheid is: "Ik ben liefde. Ik ben de belichaming van liefde." Als we zeggen: "Ik hou van je", is er een ik en een jij. Er is scheiding. Gevangen tussen dit jij en ik is de liefde. Daar stikt en verdwijnt die uiteindelijk.

Als we proberen lief te hebben met de houding van 'ik' en 'jij', is dat als een kleine slang die een grote kikker probeert door te slikken. Beide lijden. Maar wanneer liefde zonder verwachtingen wordt uitgedrukt, is er geen lijden. Onze onzelfzuchtige liefde helpt ook om de onzelfzuchtige liefde in anderen wakker te maken. Dan wordt ons leven vol liefde en geluk. Als we eenmaal beseffen: "Ik ben de belichaming van liefde", kunnen we nooit meer egoïstische verlangens of verwachtingen hebben. Net als een rivier die zonder onderbreking stroomt, verandert ons leven in zuivere liefde, die naar iedereen stroomt. Dan zal de wereld alleen maar goede dingen van ons krijgen. Mogen wij allemaal opstijgen naar dit hoogste rijk van zuivere liefde.

## Liefde maakt ons leven goddelijk

Kinderen, velen van ons gaan relaties met anderen aan op basis van winst en verlies. Bij het verwerven van rijkdom vergeten we vaak de rijkdom van liefde. Liefde is de rijkdom die ons leven goddelijk maakt. Liefde is de echte goedheid van het leven.

In Gods schepping zijn veel dingen gezegend met het vermogen om te bekoren en anderen gelukkig te maken. De schoonheid van vlinders, de geur van bloemen en de zoetheid van honing bijvoorbeeld trekken iedereen aan en verspreiden geluk. Deze schoonheid, geur en zoetheid komen van binnenuit, niet van buitenaf. Maar hoe is dat bij de meest goddelijke creatie die mens wordt genoemd? Als hij een geurtje op zijn lijf nodig heeft, moet hij parfum gebruiken. Als hij mooi wil zijn, moet hij mooie kleren aantrekken en make-up aanbrengen. Ondanks dit alles komen uit het binnenste van de mens stinkende onzuiverheden voort. Maar als we het proberen, kunnen we geluk, troost en goede energie aan anderen doorgeven. De manier om dit te bereiken zijn goede gedachten, liefdevolle woorden, een glimlachende aard en een onbaatzuchtige inzet.

Dit leven kan ieder moment eindigen. Dit bewustzijn helpt ons om de juiste zienswijze te ontwikkelen. Dan zullen we, zelfs als de dood voor ons staat, hem met blijdschap in de ogen zien.

Artsen zeggen soms tegen patiënten met ongeneeslijke ziekten zoals kanker: "U heeft nog maar drie tot zes maanden te leven." Op dat moment, als ze de dood voor ogen zien, beseffen ze dat materieel gewin of faam niet met hen mee zal gaan en dat God hun enige redding is. Door dat besef vindt er in hen een grote verandering plaats. Ze ontwikkelen een karakter waarmee ze van iedereen houden. Ze willen degenen die hen pijn hebben gedaan, vergeven. Ze zoeken vergeving van degenen die zij hebben gekwetst.

Sommige van zulke mensen zeiden tegen Amma: "Amma, de paar dagen die ik nog heb, wil ik van iedereen houden. Ik heb niet echt van mijn vrouw en kinderen kunnen houden. Nu wil ik ze veel liefde geven. Ik wil houden van hen die mij haten en die ik haatte. Niet alleen dat, ik heb veel mensen pijn gedaan en ik wil hun ook om vergeving vragen."

We hebben allemaal het vermogen om anderen op deze manier lief te hebben en te vergeven. We hoeven niet te wachten tot de dood voor de deur staat. Als we vandaag beginnen, kunnen we deze houding tot leven brengen.

Het is niet rijkdom of roem, maar liefde, mededogen en zorg voor anderen die ons leven goddelijk maken. Nu heeft de mensheid vooral dit besef nodig.

# De aard van de guru

## Voor de subtielste wetenschap is een leraar nodig

Of het nu gaat om kunst, wetenschap, geschiedenis, het koken van een goede maaltijd of zelfs het strikken van een schoenveter, je kunt niets leren zonder een leraar. Spiritualiteit is een wetenschap, de wetenschap die zich bezighoudt met het innerlijke Zelf. Als zodanig is het subtieler dan iedere andere wetenschap. Als je een leraar nodig hebt voor alle materiële wetenschappen, die grover zijn, wat dan te zeggen over spiritualiteit, de meest subtiele wetenschap van allemaal?

In feite kies je niet echt een *guru*. De relatie ontstaat spontaan, zelfs spontaner dan verliefd worden. Maar wil er een *guru* zijn, dan moet er eerst een leerling zijn. Als de leerling eenmaal klaar is, verschijnt de *guru* gewoon.

Een *sadguru*, een echte meester, is helemaal zonder ego. Daarom maakt hij nergens aanspraak op. De *sadguru* is de belichaming van zuivere liefde, mededogen en zelfopoffering. De *sadguru* zal nederiger zijn dan de nederigste en eenvoudiger dan de eenvoudigste. Het is zelfs zo dat door de ongelooflijke nederigheid van de *guru* het in een echte *guru*-leerlingrelatie moeilijk zal zijn om het verschil tussen de *guru* en de leerling te zien. Omdat de *sadguru* alle besef van een afzonderlijke individualiteit en alle voorkeur en afkeer heeft opgegeven, maakt hij nergens meer aanspraak op. Zo'n *guru* ziet in alles alleen goddelijkheid, het zelflichtende Zelf, het zuiver bewustzijn.

Op een dag benaderde de duisternis God en zei: "Ik heb nog nooit iets gedaan wat de zon pijn deed, maar hij blijft me kwellen. Overal waar ik heen ga, komt hij snel en dan moet ik maken dat ik wegkom. Ik heb nooit rust. Ik wil niet klagen, maar genoeg is genoeg! Hoe lang duurt dit nog?"

God riep onmiddellijk de zon en vroeg hem: "Waarom val je die arme duisternis lastig?"

De zon zei: "Waar heeft U het over? Ik heb nog nooit zoiets als duisternis ontmoet."

En inderdaad, God keek rond en de duisternis was er niet meer. Hij was verdwenen. De zon zei: "Als het U lukt om de duisternis voor me te brengen, ben ik bereid om me te verontschuldigen of te doen wat U maar wilt. Misschien heb ik hem onbewust pijn gedaan. Maar laat me hem tenminste zien, deze persoon die over mij klaagt."

Ze zeggen dat het dossier van de zaak van de duisternis tegen de zon er nog steeds ligt. Tot op heden moet God nog steeds proberen om beide partijen samen voor zich te krijgen. Soms komt de duisternis, soms komt de zon, maar nooit allebei tegelijk. Zolang beide niet samen aanwezig zijn, kan de zaak niet worden berecht.

Hoe kan de duisternis de zon onder ogen komen? Duisternis bestaat niet; het is gewoon afwezigheid van licht. Dus waar licht aanwezig is, kan zijn afwezigheid niet bestaan.

Omdat wij geen referentiekader hebben met betrekking tot spiritualiteit, geeft de *guru* ons de nodige instructies, aanwijzingen en duidelijkheid zodat we de spirituele principes in hun eenvoudigste en zuiverste vorm kunnen begrijpen en in ons opnemen.

Spiritualiteit en spiritueel denken zijn precies het tegenovergestelde van werelds leven en materieel denken. Dus wat gebeurt er als we met onze oude manier van denken aan het spirituele leven beginnen? Het wordt een mislukking. Het duurt even voordat we het begrijpen. De *guru* is echter geduldig. Hij zal het telkens opnieuw uitleggen en laten zien, uitleggen en laten zien, uitleggen en laten zien, totdat we het eindelijk voor eens en altijd snappen. Als je een vreemde taal wilt leren, is de beste manier bij iemand wonen die deze taal als moedertaal heeft. De moedertaal van de *guru* is spiritualiteit, zelfrealisatie.

De *guru* leidt je van de bekende wereld van verscheidenheid naar de onbekende wereld van eenheid. Een *sadguru* is gevestigd in totale eenheid met de Allerhoogste. Daarom ziet hij overal goddelijkheid. Als hij naar de leerling kijkt, ziet hij de goddelijke schoonheid die van binnen sluimert. Het lijkt veel op hoe een beeldhouwer het prachtige beeld ziet dat in een stuk steen opgesloten zit. Net zoals de beeldhouwer de scherpe randen van de steen eraf beitelt om het prachtige beeld te voorschijn te halen, zo werkt de *guru* ook aan de zwakheden en beperkingen van de leerling om hem te helpen zijn ware Zelf te realiseren.

Bij echte overgave is er geen denken omdat je de geest overstijgt. Wat we tegenwoordig overgave noemen, is alleen maar nadenken of we ons al dan niet zullen overgeven. Met andere woorden, wanneer een leerling zijn vorming bij een *sadguru* ondergaat, zijn er nog steeds mentale conflicten en innerlijke strijd. Pas wanneer de uiteindelijke overgave komt, eindigt dit conflict en vindt realisatie plaats. Overgave is niet iets wat je doet, het is iets wat gebeurt. Het is een houding die elk aspect van het leven van de leerling beïnvloedt.

Over het algemeen is er veel angst geassocieerd met het woord overgave. Als we het horen, zijn we bang dat we alles verliezen als we ons overgeven. In werkelijkheid brengt echte overgave ons alleen maar meer duidelijkheid, meer liefde, meer mededogen, meer succes, meer van alles wat goed, mooi en wijs is. Overgave is als het

zaad dat zijn omhulsel verliest om een boom
te worden.

# Mahatma's dalen af om ons te verheffen

Kinderen, spiritualiteit is zelfkennis, de erkenning van je ware aard. Als een koning niet in staat is om te herkennen dat hij de koning is, dan is zijn koningschap nutteloos. Als een bedelaar niet weet dat er een waardevolle schat onder zijn hut ligt, zal hij als bedelaar blijven leven. Met de meeste mensen is het net zo gesteld. In hun verlangen naar rijkdom en plezier kwetsen ze elkaar en zichzelf. Ze vernietigen zelfs de natuur. Als we zulke mensen willen verheffen, moeten we naar hun niveau afdalen.

Eens kwam er een vreemd geklede tovenaar in een dorp. De dorpelingen begonnen hem voor de gek te houden. Toen ze de grens van het plagen overschreden, werd de tovenaar boos. Hij nam wat as, prevelde een mantra en liet de as in de dorpsbron vallen. Zijn vloek was dat iedereen die van het bronwater zou drinken, krankzinnig zou worden. Dit is precies wat er is gebeurde. Al snel was iedereen in het dorp krankzinnig.

Het dorpshoofd had echter zijn eigen privé bron. Hij mankeerde niets. De dorpelingen waren helemaal gek. Ze flapten alle onzin eruit die in hen opkwam, dansten in het rond en gedroegen zich waanzinnig. Geleidelijk merkten ze op dat het dorpshoofd zich niet zoals zij gedroeg. Ze waren verbaasd. Ze besloten dat hij de gek was en probeerden hem vast te binden. Er heerste totale chaos. Op de een of andere manier ontsnapte het dorpshoofd. Hij dacht: "Alle dorpelingen zijn gek geworden. Ze laten me niet met rust als ik me anders dan zij gedraag. Als ik hier moet wonen en ze wil verheffen, kan ik maar één ding doen: ik moet me net als zij gedragen. Om een dief te vangen, moet men zich soms als een dief gedragen." Met dit voornemen begon het dorpshoofd te dansen en net zo gek te doen als de dorpelingen. Ze waren blij dat hun leider genezen was van zijn waanzin.

Geleidelijk moedigde het dorpshoofd de dorpelingen aan om een andere put te graven en er water uit te drinken. Uiteindelijk werd iedereen weer normaal.

*Mahatma's* zijn zoals dit dorpshoofd. Mensen kunnen de draak met hen steken. Ze kunnen hen zelfs krankzinnig noemen. Maar de *mahatma's*, voor wie lof en belediging hetzelfde zijn, bekommeren zich niet om deze dingen. Ze dalen af naar het niveau van de mensen en verheffen hen door een voorbeeld van dienstbaarheid en liefde te zijn zonder iets terug te verwachten.

Spiritualiteit is geen blind geloof in God, religieuze gebruiken of gewoonten. Het gaat om het verenigen van harten. Alleen wanneer onze religie spiritualiteit wordt, zal de samenleving worden gevestigd op een solide basis van *dharma*, universele waarden en dienstbaarheid.

## De guru is de belichaming van de hoogste Waarheid

Kinderen, sommige mensen denken dat overgave aan een *guru* lijkt op slavernij, een vorm van gebondenheid. We zijn nu als een koning die op een nacht droomde dat hij een bedelaar was en daarom depressief werd. De *guru* maakt ons wakker uit de slaap van onwetendheid die de oorzaak is van al ons verdriet.

Zelfs als we een gedicht zijn vergeten dat we als kind hebben geleerd, komt het helemaal terug als iemand de eerste paar regels opzegt. Zo ook bevinden wij ons nu in een toestand van vergeetachtigheid, spirituele vergeetachtigheid, en het onderwijs van de *guru* heeft de kracht om ons wakker te maken.

In elk zaadje zit een boom. Maar om die boom te laten opkomen moet het zaad eerst onder de grond gaan en openbreken. Evenzo, zullen wij, ook al zijn we die oneindige Waarheid, die werkelijkheid nooit ervaren, als we de harde schil van het ego niet openbreken. De *guru* is degene die dit proces bevordert.

Als een jong boompje tot een boom wil uitgroeien, heeft het een gunstige omgeving nodig. Het moet op de juiste tijd water krijgen en op de juiste tijd bemest worden. Het moet worden beschermd tegen allerlei soorten ongedierte. De *guru* doet hetzelfde voor zijn leerlingen op spiritueel niveau. Hij verzorgt ze en beschermt ze tegen allerlei obstakels en valkuilen.

Zoals een filter water zuivert, zo zuivert de *guru* de geest van de leerling en verwijdert het ego. Op dit moment worden we bij elke stap slaaf van het ego. We maken geen gebruik van ons onderscheidingsvermogen en komen dus niet vooruit in het leven.

Op een keer toen een dief in een huis inbrak, werden de bewoners wakker en moest hij vluchten. De mensen in het huis schreeuwden: "Dief! Dief!" en al snel rende een grote menigte mensen achter de dief aan. De slimme dief kreeg een idee. Hij begon ook "Dief! Dief!" te roepen en slaagde er toen in om de menigte in te glippen en te ontsnappen. Zo werkt het ego.

Het is voor de leerling moeilijk om het in zijn eentje te vangen en te vernietigen. Onderwijs van een *sadguru* is onontbeerlijk.

De *guru* probeert het ego van de leerling volledig te verwijderen. Overgave aan de instructies van een *guru* is geen slavernij, maar het pad naar de hoogste vrijheid en eeuwig geluk. Het enige doel van de *guru* is om zijn leerling helemaal van verdriet te bevrijden. Wanneer de *guru* de discipel een uitbrander geeft, voelt die zich misschien een beetje verdrietig, maar de *guru* berispt maar met één doel: alle negatieve neigingen van de discipel verwijderen en vernietigen en hem wakker maken voor zijn ware Zelf. Bij dit proces ervaart de leerling hoogstwaarschijnlijk enige emotionele pijn. Deze pijn is vergelijkbaar met de pijn die men ervaart wanneer een arts in een wond knijpt om alle pus en bacteriën eruit te verwijderen. Om het er allemaal uit te krijgen, moet de arts de wond misschien zelfs opensnijden. Voor een ongeschoolde toeschouwer lijkt de dokter misschien wreed, maar als de arts uit medeleven met de patiënt van dit proces afziet en alleen medicijnen aan de buitenkant aanbrengt, dan zal de wond nooit genezen. Net zoals het enige doel van de dokter is om onzuiverheden uit het fysieke lichaam te verwijderen, is het enige doel van de *guru* om de negativiteit uit de geest te verwijderen.

De *guru* is niet gewoon een individu. Hij is de *parama tattvam*, het hoogste principe. Hij is de belichaming van waarheid, verzaking, liefde en *dharma*. In de aanwezigheid van een *sadguru* kan de leerling alles wat de *guru* vertegenwoordigt in zich opnemen en zich bevrijden. Dit is de grootsheid van de aanwezigheid van een *guru*.

# Onze cultuur

## Respect voor onze ouderen

Kinderen, een van de belangrijkste aspecten van de Indiase cultuur is het respecteren en gehoorzamen van onze ouders, leraren en ouderen. Het was vroeger onze gewoonte om voor onze ouders te knielen, respectvol op te staan wanneer ze een kamer binnenkwamen en om voorrang te geven aan degenen die onze senioren waren. Het is triest dat we deze gewoonten niet hebben gehandhaafd en dat we ze niet aan de volgende generatie hebben doorgegeven.

Sommige mensen vragen: "Is voorrang geven en gehoorzaamheid geen teken van zwakte of van slavenmentaliteit?" Kinderen, denk nooit zo. Het is niet waar. Dit zijn praktische manieren om harmonie te brengen in onze gezinnen en de samenleving. Wil een machine betrouwbaar werken, dan moeten we hem goed onderhouden met olie, enz. Dan is hij altijd klaar voor gebruik. Evenzo moeten we, om wrijving tussen individuen te voorkomen en om de samenleving zonder obstakels vooruit te laten gaan, goede gewoonten aanhouden, zoals ouderen gehoorzamen en hen voor laten gaan.

Mensen respecteren gezagdragers. Door dat te doen beschermen we de wetten van het land. Wanneer we mensen gehoorzamen en respecteren die in leeftijd en kennis ouder zijn dan wij, respecteren we hun rijkdom aan ervaring. Wanneer een leerling respect toont voor zijn leraar, toont dit zijn verlangen om te leren. Het helpt hem om geconcentreerd naar de woorden van de leraar te luisteren en zich de lessen volledig eigen te maken. Als de leraar de nederigheid en nieuwsgierigheid van de leerling ziet, smelt zijn hart. Hij probeert van ganser harte zijn kennis aan zijn leerling over te dragen. Het is de student die het meeste wint door respect en gehoorzaamheid te tonen.

Eens zocht iemand overal naar een gladde, bolvormige steen om voor een *puja* te gebruiken. Hij beklom zelfs een berg, maar hij kon niet één gladde, bolvormige steen vinden. Gefrustreerd schopte hij tegen een steen en die rolde van de berg. Toen hij weer naar beneden geklommen was en de voet van de berg bereikte, vond hij ineens een heel mooie, gladde, bolvormige steen. Dit was precies de steen die hij van de bergtop had geschopt. Hij was glad geworden door op weg naar beneden op andere stenen te botsen. Op dezelfde manier zullen de scherpe randen van ons ego alleen verdwijnen als we de houding van 'ik' en 'mijn' laten varen en gehoorzaamheid en eenvoud betrachten. Alleen dan verkrijgen we een volwassen geest.

Gehoorzaamheid is nooit een belemmering voor vrijuit denken en groei. Als er een nieuwe uitvinding in de wetenschap is, is er vrij denken. Maar het eerdere werk van vroegere wetenschappers vormde de basis voor deze vrije gedachte. Zo ook zal er alleen echte vooruitgang zijn als elke generatie zich de bijdragen van de vorige generatie met nederigheid en gehoorzaamheid eigen maakt.

## De harmonie in de natuur herstellen

Kinderen, alles in dit universum heeft een ritme. De wind, de regen, de golven in de oceaan, onze adem, onze hartslag, ze hebben allemaal hun eigen ritme. Voor onze mentale en lichamelijke gezondheid en om een lange levensduur te garanderen is het noodzakelijk dat dit ritme wordt gehandhaafd. Het zijn onze gedachten en handelingen die het ritme en de melodie van ons leven bepalen. Als het ritme van onze gedachten verloren gaat, zal dit snel in ons handelen weerspiegeld worden. Vroeg of laat zal dit het ritme van de natuur beïnvloeden. De belangrijkste oorzaak van natuurrampen zoals tsunami's, aardverschuivingen en aardbevingen is dat er iets misgegaan is met de harmonie in de natuur.

Er was eens koning die met een vermomming op jacht ging. Tijdens de jacht raakte hij gescheiden van de rest van zijn groep en verdwaalde in het bos. Moe en hongerig kwam hij uiteindelijk bij een hut waar een *tribal* gezin woonde. Ze herkenden de koning niet. Ze gaven hem wat fruit en bessen. Bijtend in een vrucht riep de koning: "Wat is deze vrucht bitter!"

"Ja, het is heel jammer", beaamde het *tribal* gezin. "Onze koning is buitengewoon egoïstisch, genotzuchtig en wellustig. In zijn wreedheid dwingt hij ons buitensporige belastingen te betalen. De mensen die het niet kunnen betalen, worden ter dood gebracht. Door zijn daden in strijd met *dharma* worden zelfs van nature zoete vruchten bitter."

Toen de koning later die avond naar zijn paleis terugkeerde, kon hij het voorval in het bos niet vergeten. Hij dacht erover na hoeveel zijn volk door hem leed en was vol wroeging. Hij besloot de rest van zijn leven te wijden aan het oprecht dienen van zijn volk. Al snel werden de belastingen drastisch verlaagd en werden veel liefdadigheid en humanitaire activiteiten begonnen.

Na een paar jaar vermomde hij zich opnieuw en bezocht de oude hut in het bos. Het *tribal* gezin gaf hem opnieuw fruit. Deze keer was elke vrucht zoet. Hij vroeg het gezin de reden voor deze verandering. "Onze koning is veranderd", antwoordden ze. "Hij regeert het koninkrijk nu heel goed. De mensen zijn allemaal blij en tevreden. Door zijn goede daden is er ook een grote verandering in de natuur. Daarom zijn de vruchten zo zoet."

Wat is de boodschap van dit verhaal? De daden van de mens beïnvloeden de natuur. Als zijn handelen in strijd is met *dharma*, gaat het evenwicht in de natuur verloren. Als zijn handelen in overeenstemming is met *dharma*, zal dat ook in de natuur tot uiting komen. De harmonie in de natuur wordt hersteld.

Tegenwoordig wordt de natuur door veel mensen buitensporig uitgebuit. Daardoor verliest de natuur haar ritme. Natuurrampen komen steeds vaker voor. Zelfs kleine gezinnen wonen liever in grote huizen. Twee personen hebben slechts twee kamers in een huis nodig. Ze kunnen hooguit twee of drie kamers extra gebruiken. Maar veel mensen bouwen huizen met tien of vijftien kamers. Hiervoor egaliseren ze heuvels, blazen bergen op en boren diepe waterputten.

Ze aarzelen niet om de natuur te exploiteren voor hun zelfzuchtige behoeften.

Met een beetje aandacht kunnen we deze buitensporige exploitatie van onze natuurlijke hulpbronnen stoppen. Miljoenen mensen in ons land reizen in hun eentje met de auto naar hun werk. Als vijf mensen carpoolen, zijn er slechts 200 voertuigen nodig in plaats van duizend. Kijk eens hoeveel we hierdoor winnen! Het verkeer kan drastisch verminderen. Er zullen minder ongelukken zijn. De vervuiling zal afnemen. We kunnen besparen op brandstofverbruik en kosten. Bovendien betekent minder verkeer minder reistijd.

De huidige onzinnige handelingen van de mens herinneren ons aan de dwaze houthakker die precies de tak waarop hij zat, probeerde af te zagen. Het is cruciaal dat onze houding verandert. De natuur beschermen is niet de plicht van de mens tegenover de natuur; nee, het is de plicht van de mens tegenover zichzelf. Het overleven van de mens is afhankelijk van de natuur. Wanneer mens en natuur samen in harmonie bewegen, wordt het leven vredig.

Wanneer ritme en harmonie samenvallen, is de eruit voort komende muziek melodieus en aangenaam om te horen. Op dezelfde manier wordt het leven van de mens zo zoet als een mooie melodie, wanneer hij in harmonie met de natuur leeft.

# Verwelkom alle onverwachte gasten

Kinderen, onze cultuur leert ons *atithi's* (onverwachte gasten) als God te zien. Met het woord 'onverwachte gast' worden niet alleen mensen bedoeld, maar ook alle onverwachte omstandigheden. Daarom moeten we bereid zijn om elke situatie die zich in ons leven voordoet, als een eerbiedwaardige gast te beschouwen en die blij te ontvangen.

Als we in een schaakspel de stukken vooruit blijven schuiven, zullen we niet winnen. Onder bepaalde omstandigheden kan het nodig zijn bepaalde stukken tactvol terug te trekken. Evenzo moeten we, wanneer we falen, uit die ervaring onze les leren en dan onze nieuw verworven kennis gebruiken om verder te gaan.

Als er iets mislukt, moeten we ervoor zorgen dat die mislukking tot de buitenkant wordt beperkt. We kunnen niet toestaan dat onze mentale kracht en ons zelfvertrouwen ook falen.

Ten tweede mogen we onze goedhartigheid en servicegerichtheid nooit opgeven.

Er werden eens toelatingsgesprekken gehouden op de campus van een managementinstituut. Na afloop van de gesprekken gingen de studenten terug naar hun kamers. Een paar studenten waren succesvol. Zij waren erg blij. De anderen waren bedroefd. Een van de niet-geselecteerde studenten bleef in de zaal zitten. Er waaide daar een zacht briesje. Hij bleef een tijdje zitten en genoot van de wind. De stoelen stonden kriskras door de kamer. Hij zag dat en besloot ze allemaal in de juiste volgorde te plaatsen.

Toen hij dit deed, zag hij dat iemand hem vanuit de deuropening gadesloeg. Het was een van de interviewers. Wat deze jongen deed, had zijn aandacht getrokken. In plaats van verdrietig te zijn omdat hij niet geslaagd was, bleef de jongen alert en behield hij een besef van sociale verantwoordelijkheid. Toen de interviewer het werk van de jongen zag, voelde hij respect voor de jongen. Hij riep de jongeman bij zich en gaf hem een goed betaalde baan.

Het was het onoverwinnelijke gevoel van sociale verantwoordelijkheid van de jongeman en zijn tegenwoordigheid van geest die hem de baan bezorgden. Hij maakte zich niet al te veel zorgen dat hij de baan niet zou krijgen. In plaats daarvan dacht hij na over wat hij op dat moment kon doen. Het was niet zijn taak om de hal schoon te maken. Maar hij dacht niet: "Dit is niet mijn werk. Laat iemand anders het maar doen." Hoewel het niet zijn werk was, voerde hij het op een prachtige manier uit. Deze hoogstaande houding bezorgde hem de overwinning.

Niet iedereen die zich als deze jongeman gedraagt, zal winnen. Maar de eeuwige wet van het universum is dat degenen die goede daden verrichten zeker de vruchten ervan zullen plukken, zo niet vandaag, dan morgen.

## Een licht in deze duisternis

Kinderen, de toestand van de wereld van vandaag is erg triest. Aan de ene kant houden terrorisme en terroristische aanslagen niet op. Aan de andere kant vinden er door het egoïsme en de hebzucht van de mens steeds vaker natuurrampen plaats. Toch kunnen we, zelfs in deze omstandigheden, hier en daar sprankjes hoop zien. Er zijn mensen die heel erg hun best doen om degenen die honger hebben en lijden, te helpen. Deze mensen zijn onze rolmodellen omdat hun hart vol mededogen hoop geeft op een mooie toekomst.

Amma moet denken aan een incident dat jaren geleden plaatsvond tijdens een buitenlandse tournee. Tijdens de *darshan* gaf een 13-jarige jongen me een kleine envelop. Amma omhelsde hem en vroeg: "Wat zit erin?"

De jongen zei: "300 euro."

"Waar heb je dit vandaan, mijn zoon?"

"Ik heb deelgenomen aan een fluitwedstrijd. Ik heb de eerste prijs gewonnen. Dit is de prijs.

Amma zorgt voor een heleboel weeskinderen en dit zal hen helpen."

Amma luisterde naar zijn woorden en zag zijn onschuldige hart en kreeg tranen in haar ogen. Amma zei: "Zoon, jouw goedheid heeft Amma's hart vandaag vervuld. Mensen zoals jij zijn Amma's echte rijkdom."

Maar het verhaal is nog niet af. Het jongere zusje van de jongen werd erg verdrietig. Ook zij wilde iets doen voor de armen, net als haar broer. Twee weken later kwamen die kinderen weer naar Amma. Bij de *darshan* gaf het zusje Amma een envelop. Amma vroeg: "Dochter, wat zit er in deze envelop?"

Haar moeder antwoordde. "Een week geleden was ze jarig. Toen haar grootvader haar tien euro gaf, had ze het sterke verlangen om het geld aan Amma te geven om chocolaatjes voor de weeskinderen te kopen." Amma luisterde, omhelsde dit prachtige kind en kuste haar.

Amma vroeg haar: "Wil mijn dochter geen ijs en chocolade eten?"

Het meisje schudde haar hoofd: "Nee."

"Waarom niet?" vroeg Amma.

Het meisje zei: "Ik kan dat altijd eten. Maar zijn er niet veel kinderen die geen geld hebben om deze dingen te kopen? Amma moet dit geld nemen en chocolaatjes voor ze kopen."

Haar broer was het rolmodel geworden voor dit jonge meisje toen hij vol compassie handelde. Mogen deze met compassie gevulde hartjes voor ons allemaal een rolmodel worden.

Verandering moet bij individuen beginnen. Als er verandering in individuen optreedt, zal er ook verandering in het gezin zijn. Dan gaat de samenleving vooruit. Dus we moeten eerst proberen onszelf te veranderen. We moeten ervoor zorgen dat we door alles wat we doen, een rolmodel voor anderen worden.

# Spirituele oefeningen en vedische wetenschap

## Samadhi

Kinderen, de gemakkelijkste en meest weten-schappelijke methode om onze geest op één punt te concentreren, is meditatie. Wanneer meditatie helemaal op één punt gericht is, wordt het *samadhi* genoemd.

De geest is een constante stroom van gedachten. *Samadhi* is de toestand waarin alle gedachten verdwijnen, alle verlangens beheerst worden en de geest volledig stil wordt. In *samadhi* gaat de geest op in zuiver bewustzijn, in het ene, zuivere bewustzijn, dat de basis van de geest vormt. Dat is een ervaring van de hoogste vrede en hoogste gelukzaligheid.

Op een keer zei Godin Parvati tegen Heer Shiva: "Ik voel me eenzaam als je in de wereld rondzwerft en om aalmoezen bedelt. Omdat jij constant in *samadhi* verblijft, voel je misschien

geen verdriet door onze scheiding. Maar zo
ben ik niet. Ik kan deze scheiding van jou niet
verdragen. Daarom smeek ik je om me te leren
wat *samadhi* is. Dan hoef ik niet meer te lijden
als ik je zo mis."

Shiva vroeg Parvati Devi om in de lotus-
houding te gaan zitten, haar ogen te sluiten en
haar geest naar binnen te keren. Devi ging op
in meditatie. Shiva vroeg toen: "Wat zie je nu?"

Devi antwoordde: "Ik zie jouw vorm voor
mijn geestesoog."

"Ga voorbij die vorm. Wat zie je nu?"

"Een goddelijke straling."

"Ga zelfs nog verder. Nu?"

"Ik neem nu alleen geluid waar."

"Ga verder. Wat is je ervaring nu?"

Er kwam geen antwoord. Devi's individualiteit
was volledig opgelost. Die was verdwenen. Devi
was volledig opgegaan in Heer Shiva. Er was
geen individu meer om te antwoorden. Devi
had een eeuwige, ondeelbare eenheid met haar
Heer bereikt. Ze bevond zich in het rijk van
zuivere liefde, waar de geest, woorden, ideeën
en gedachten niet kunnen komen.

Er zijn verschillende soorten *samadhi*. Tijdens diepe meditatie kan je ervaren dat de geest korte tijd oplost. Tijdens zo'n meditatie ervaar je vrede en gelukzaligheid. Maar deze staat is niet blijvend. Als de meditatie voorbij is, komen de gedachten weer op. Een werkelijk verlichte meester daarentegen ervaart constante *samadhi*, zelfs als hij in de wereld handelt. Dit heet *sahaja samadhi*.

In *sahaja samadhi* is er alleen gelukzaligheid. Er is geen verdriet of blijdschap. Er is geen ik of jij. Dan is de geest in een eeuwigdurende staat van zelfrealisatie. *Sahaja samadhi* gaat voorbij tijd en ruimte. Het gaat onder alle omstandigheden door, wat men ook doet. Zelfs tijdens het slapen is er geen verandering in deze toestand. Men zal altijd als zuiver bewustzijn bestaan. In de waarneming van anderen zal men nog gewoon in deze wereld, in de dualiteit blijven, maar in werkelijkheid zal men voortdurend genieten van zijn eigen zuivere gewaarzijn, zuiver bewustzijn, het Zelf. Zulke individuen zijn de belichaming van het allerhoogste bewustzijn. In hun aanwezigheid zullen anderen ook gelukzaligheid, vreugde en troost ervaren.

# Yoga en lichamelijke oefeningen

Kinderen, *yoga* is een manier om de oneindige kracht in ons wakker te maken door een goede integratie van geest, lichaam en intellect en om uiteindelijk ons volledig potentieel te realiseren. *Yoga* helpt ook bij het verbeteren van ons geduld, onze gezondheid, mentaal geluk en het bewust zijn van waarden. We zien dat door de toename van ziekten en psychische problemen die door een onjuiste levensstijl veroorzaakt worden, de populariteit van *yoga* zich over de hele wereld verspreidt. Elke Indiase burger kan er trots op zijn dat *yoga* een wetenschap is die in ons land is geboren en ontwikkeld.

Veel mensen willen de speciale voordelen van *yoga* weten ten opzichte van andere vormen van lichaamsbeweging. Elke soort lichaamsbeweging is nuttig bij het herstel van lichamelijke en geestelijke gezondheid, maar de voordelen van *yoga* zijn veel groter dan die van gewone lichaamsbeweging. Gewone oefeningen verlagen het vetgehalte van het lichaam en verbeteren de spierkracht door snelle fysieke bewegingen. Maar *yoga* concentreert zich meer op het geven van ontspanning aan alle delen van het lichaam en het juist sturen van de levensenergie. Dit maakt de weg vrij voor een goede werking van alle inwendige organen en klieren en het genezen van ziekten. De zenuwen worden gezuiverd. Het vergroot de mentale kracht en helpt ons om concentratie te krijgen. Spieren worden flexibel en sterk. In vergelijking met de andere oefeningen vermindert *yoga* depressie en zorgt voor een gelukkige mentale toestand.

Yogahoudingen zijn anders dan andere oefeningen. Ze worden gedaan terwijl men zich met opzet en zorgvuldig op de ademhaling concentreert en elke beweging van het lichaam observeert. Hierdoor wordt de geest vredig en kan het gaan lijken op een ervaring van meditatie. Zo helpt *yoga* lichaam en geest in dezelfde mate.

Om een persoon met een chronische ziekte te genezen heeft hij naast medicijnen ook goed voedsel en rust nodig. Op dezelfde manier wordt *yoga* het meest compleet en volmaakt als het deel uitmaakt van een gedisciplineerde en op waarden gebaseerde levensstijl. Door *yoga* met volledig bewustzijn te beoefenen, wordt het geleidelijk mogelijk om elke handeling bewust te doen. Dit leidt tot verbeterde gedachten en emoties. Door concentratie te verwerven in meditatie en andere handelingen, zullen we geleidelijk ons ware Zelf kunnen realiseren.

*Yoga* bevordert zowel het zien van eenheid in verscheidenheid als geweldloosheid tegenover alle levende wezens. Zo kan de populariteit van *yoga* liefde en vriendschap in de samenleving laten groeien en de wereldvrede bevorderen.

# Astrologie en vertrouwen in God

Kinderen, veel mensen raken verslaafd aan astrologie vanwege hun angst en bezorgdheid over de toekomst. Er zijn talloze mensen die in paniek raken en zich zorgen maken over zaken als hun huwelijk, onderneming, baan, promoties enzovoort. De gunstige en ongunstige situaties waarmee we in dit leven te maken krijgen, worden voornamelijk veroorzaakt door wat we in vorige levens hebben gedaan. Hoewel astrologie ons aanwijzingen over ons lot kan geven en verschillende manieren kan aanbevelen om onze negatieve ervaringen te verzachten, kan het deze niet volledig voorkomen. Daarom is het belangrijk dat we onze geest in staat stellen om problemen met gelijkmoedigheid te doorstaan.

Eens gaf een *mahatma* twee godenbeelden aan een koning en zei: "Wees heel voorzichtig met deze beelden. Als ze breken, zullen grote rampen het koninkrijk treffen. Er kan oorlog komen, hongersnood of overstromingen." De koning vertrouwde de godenbeelden aan een dienaar toe die ze heel zorgvuldig op een speciale plaats bewaarde.

Op een dag brak een van de beelden. De dienaar bracht de koning onmiddellijk op de hoogte, die woedend werd en hem gevangen zette.

Een paar dagen later viel een buurland het koninkrijk aan met een enorm leger. De koning gaf de dienaar de schuld en liet hem ophangen. Toen hem werd gevraagd of hij nog een laatste wens had, zei de bediende: "Voordat ik sterf, wil ik het tweede beeld ook breken."

Toen de koning dit hoorde, vroeg hij hem: "Waarom zeg je dit?"

De bediende zei: "U laat me executeren omdat het eerste beeld brak. Er mag niet nog een ander onschuldig iemand sterven vanwege het tweede beeld. De *mahatma* die u deze beelden gaf, zei dat er slechte dingen zullen gebeuren, als de beelden breken. Hij zei niet dat er slechte dingen zullen gebeuren *omdat* de beelden braken. Het breken van het beeld gaf alleen maar aan dat er een oorlog zou beginnen. Zodra u die hint had gekregen, had u zich onmiddellijk moeten voorbereiden op de aanval door het leger van de vijandelijke koning."

Toen de koning dit hoorde, besefte hij zijn fout en liet de dienaar vrij.

Astrologie en voortekenen geven alleen de ontberingen of het geluk aan die in ons leven zouden kunnen voorkomen. Het heeft geen zin om de planeten of God de schuld te geven van onze moeilijkheden en problemen. Wij moeten alert blijven en ervoor zorgen dat alles wat we nu doen goed is. Als we dit doen, zal onze toekomst ook goed zijn.

Zelfs atheïsten en sceptici hebben een immens vertrouwen in astrologen en waarzeggers. Een goede, intuïtieve astroloog kan misschien je verleden vertellen en redelijk nauwkeurige voorspellingen over je toekomst doen. Belangrijker dan de geleerdheid van een astroloog is zijn vermogen om zijn geest af te stemmen op de hogere sferen. Uiteindelijk maakt de goddelijke genade waar hij zich op afstemt zijn voorspellingen nauwkeurig.

Evenzo kan uiteindelijk alleen Gods genade een situatie of ervaring veranderen die we door eigen *karma* moeten ondergaan. Het is ook belangrijk om te onthouden dat geen enkele situatie die uit eigen *karma* voortkomt, helemaal kan worden voorkomen. Hoe dan ook, onze gebeden, meditatie en spirituele oefeningen hebben zeker een positieve invloed.

Veel mensen denken dat het inhuren van priesters om *puja's* en *homa's* te doen, zal helpen. Hoewel dergelijke rituelen erg krachtig zijn, is de oprechte en toegewijde inspanning die we steken in het naleven van onze eigen spirituele en religieuze ceremonies, belangrijker.

Astrologie maakt deel uit van de vedische cultuur. Het is een wetenschap, een zuivere en subtiele wiskundige berekening gebaseerd op de relatie tussen de bewegingen in het zonnestelsel, de natuur en de menselijke geest. Net als alle andere oude geschriften, kwam ook astrologische kennis op in het hart van de *rishi's* tijdens hun diepe meditaties, een toestand waarin hun geest één was met het universum en zijn onbezoedelde en niet geconditioneerde trillingen. Laten we dus inzien dat we ons vertrouwen niet in de astroloog noch in zijn voorspellingen moeten stellen, maar in die uiteindelijke heersende kracht van dit universum, God. De domme en ondoordachte handelingen uit het verleden moeten we compenseren door intelligente en goed doordachte handelingen in het heden. Als we dat doen, wordt de toekomst onze vriend.

Proberen onze waarneming te veranderen is veel nuttiger dan proberen situaties te veranderen. Ongunstige omstandigheden en ontberingen zijn vaak onvermijdelijk. We moeten ons best doen om op het juiste pad te blijven en in overeenstemming met *dharma* te handelen en te denken. Als negatieve ervaringen ondanks onze oprechte pogingen om ze te ontwijken zich nog steeds voordoen, dan moeten we de houding hebben om ze te accepteren als de wil van God. Alleen dan zal er vrede en rust in het leven zijn.

# Waarden

## Vermijd vooroordelen

Kinderen, we zien sommige mensen als 'goed' en we brandmerken anderen als 'waardeloos'. Na een tijdje veranderen we van gedachten. Degene die we eerst 'goed' noemden, noemen we nu 'slecht' en omgekeerd. Onze meningen en perspectieven zijn dus voortdurend in beweging. Waarom? De belangrijkste reden is dat we niet over de juiste kennis beschikken. Wij hebben de gewoonte om alles te beoordelen aan de hand van vooropgezette ideeën.

Wanneer we iets door de lens van onze vooropgezette ideeën bekijken, zullen we het niet juist begrijpen. We moeten alles in de juiste context bekijken en moeten leren om met een open houding naar de dingen te kijken. Alleen dan kunnen we de situatie begrijpen zoals die is.

Deze wereld en de objecten en individuen ondergaan voortdurend verandering. Het individu dat we gisteren zagen is anders dan het individu dat we vandaag zien. Een kleermaker neemt altijd opnieuw de maat, ook bij vaste klanten. Hij denkt nooit: "Ik heb bij deze persoon de laatste keer dat hij hier was de maat genomen. Ik hoef het niet opnieuw te doen." Hij weet dat de afmetingen van het lichaam van de klant, evenals zijn voorkeur en afkeer, aan verandering onderhevig zijn. Wij moeten dezelfde houding hebben wanneer we met anderen omgaan. Iemands gedrag en zijn houding ten opzichte van ons kunnen op elk moment veranderen. De vijand van vandaag kan gemakkelijk de vriend van morgen worden. De vriend van vandaag kan ook de vijand van morgen worden. We moeten anderen altijd met een open houding zien, zonder vooropgezette ideeën.

Sommige mensen denken dat handelen op basis van vooropgezette ideeën moeilijkheden in de toekomst kan voorkomen. Maar daarvoor zijn geen vooropgezette meningen nodig, maar aandacht. Vooroordelen zijn negatief; aandacht is positief. Als we vanuit vooropgezette ideeën handelen, verliezen we de mogelijkheid om nieuwe dingen te leren. Maar werken met aandacht brengt veel nieuwe ideeën en perspectieven met zich mee.

Eens raakte een man zijn portemonnee met een grote hoeveelheid geld erin zoek. Hij had hem pas nog op de juiste plaats in zijn kamer gezien. De man, zijn vrouw en kinderen doorzochten het huis van boven tot onder, maar konden hem niet vinden. Op dat moment zei de zevenjarige zoon plotseling: "De buurjongen was hier zojuist." Plotseling werd het hele gezin wantrouwend tegenover de buurjongen, voor wie ze daarvoor alleen maar liefde hadden gevoeld. "Heb je zijn geniepige blik niet opgemerkt?" zeiden ze tegen elkaar. "Het lijdt geen twijfel dat hij het heeft gedaan." Ze begonnen het gevoel te krijgen dat hij keek, liep en zich gedroeg als een dief. Hun liefde en vertrouwen in hem verdampte snel. Ze begonnen ook de andere leden van de familie van de jongen met minachting te bekijken. Geleidelijk aan verloren ze hun gemoedsrust.

Ongeveer een week later gaf de vrouw het huis een grondige schoonmaakbeurt. Plotseling ontdekte ze de verloren portemonnee onder een kussen van de sofa. Haar houding ten opzichte van de buurjongen veranderde ogenblikkelijk. Hij werd opnieuw de lieve, onschuldige jongen uit het verleden. Als we iets met vooroordelen bekijken, oordeelt onze geest voorbarig. Daarna wordt alles gekleurd in het licht van dat oordeel. Vaak hebben we het mis. Voordat we een conclusie trekken, moeten we daarom eerst de situatie met aandacht en onderscheid observeren. Dit is de juiste weg.

Vooroordelen ontstaan vaak wanneer we onze eigen voorkeur en afkeer op anderen projecteren. Dit helpt ons niet om de waarheid te zien, maar verblindt ons eerder. Vooroordelen dwingen ons de wereld door een gekleurde bril te zien. Afhankelijk van de kleur van de bril beginnen we de wereld als blauw, zwart of groen te zien. Zo wordt echt inzicht in de aard van de wereld onmogelijk. We moeten de wereld, onze omstandigheden, onze ervaringen en onszelf begrijpen en evalueren met aandacht en volwassenheid, niet met vooropgezette ideeën. Dit kun je alleen met spiritualiteit bereiken.

## Maak bewustzijn wakker

Kinderen, vandaag hebben we kennis maar geen bewustzijn. We hebben intellect maar geen onderscheidingsvermogen. Onze gedachten, woorden en daden moeten voortkomen uit juiste kennis en een helder bewustzijn. Anders bereiken we onze beoogde doelen niet. Als een kar wordt getrokken door paarden die in tegengestelde richting gaan, komt hij nergens. Maar als beide paarden de kar in dezelfde richting trekken, zal hij zeer snel de bestemming bereiken. Evenzo zullen we alleen snel vooruit gaan in het leven als onze gedachten, woorden en daden op elkaar zijn afgestemd.

Zolang ons bewustzijn niet wakker is, kunnen we zelfs de gunstige omstandigheden die in het leven op onze weg komen, niet goed benutten. We handelen zonder na te denken en eindigen in een ramp.

Ooit kocht een zakenman een fabriek die op de rand van faillissement en sluiting stond. Om de fabriek tot een succes te maken moest hij zorgen dat hij alle luie en stelende arbeiders kwijtraakte en ze vervangen door bekwame, oprechte en eerlijke werkers. Hij begon alle fabrieksarbeiders scherp te observeren. Bij zijn eerste bezoek zag hij een arbeider die tegen een muur leunde en sliep. Naast hem stond een groep arbeiders die hun werk deden. De zakenman besloot iedereen een lesje te leren, maakte de slapende man wakker en vroeg: "Wat is je maandsalaris?"

De man deed zijn ogen open en zei verbaasd: "6000 roepies."

Onmiddellijk opende de fabriekseigenaar zijn portemonnee, haalde er een handvol geld uit, gaf het aan de man en zei: "Gewoonlijk krijgt een werknemer, wanneer hij wordt ontslagen, twee maanden salaris mee. Maar ik geef je vier maanden. Hier zijn 24.000 roepies. Ik wil je vanaf nu hier nergens meer zien."

Nadat de man was vertrokken, vroeg de zakenman aan de andere arbeiders: "Op welke afdeling werkte hij?"

Iemand antwoordde: "Hij werkt hier niet, meneer. Hij bracht het middageten voor iemand en wachtte om het lege etenstrommeltje weer mee te nemen."

In dit verhaal was de eigenaar erg intelligent, maar zijn handelingen misten bewustzijn. Hierdoor werd hij het onderwerp van spot.

Om met volledig bewustzijn te handelen moeten vijf factoren samenkomen. Ten eerste: kennis over je eigen werk. Ten tweede: het vermogen om onderscheid te maken tussen goed en kwaad en alle mogelijke resultaten te zien. Ten derde: een rustige en vredige geest. Ten vierde: volledige concentratie. En ten vijfde: de onthechting om afstand te nemen, achteruit te stappen en onszelf en ons handelen objectief te bekijken. Wanneer deze vijf factoren samenkomen, kunnen we elk werk naar beste vermogen doen. Moge onze inzet daartoe leiden

## Slechte gewoonten

Kinderen, een van de gevaarlijkste dingen die ons kunnen overkomen, is dat we in de greep van slechte gewoonten komen. Zodra dat gebeurt, is het erg moeilijk om ervan af te komen. We moeten dus altijd waakzaam blijven.

Wanneer we ons herhaaldelijk laten meeslepen met negatief denken of handelen, worden het gewoonten. Zonder dat we het weten, verslinden deze gewoonten dan ons hele leven.

Eens ging een man naar de oogarts vanwege irritatie in zijn ogen. Nadat de dokter hem had onderzocht, zei hij: "U hoeft zich nergens zorgen over te maken. Spoel je ogen twee keer per dag met brandewijn. Binnen een week verdwijnt het ongemak." Een week later kwam de patiënt terug bij de dokter. Nadat de die hem had onderzocht, zei hij: "Er is geen verbetering! Wat is er gebeurd? Heb je mijn instructies niet opgevolgd?" De patiënt zei: "Ik heb het geprobeerd, maar het was onmogelijk om mijn hand voorbij mijn mond te krijgen."

Wanneer gewoonten onze natuur worden, worden we slaaf van die gewoonten. Zo krachtig is de invloed van gewoonten op ons.

Tegenwoordig verkeren we in een soort slaaptoestand. Hierdoor zijn we ons niet bewust van onze woorden en daden. Kennis hebben is niet genoeg; ons bewustzijn moet wakker gemaakt worden. Alleen dan kunnen we optimaal profiteren van onze kennis. Iedereen die rookt weet dat roken schadelijk is voor de gezondheid, maar mensen roken nog steeds. Pas wanneer ze de diagnose kanker krijgen, zal het bewustzijn hoe slecht de gewoonte is, in hen ontwaken. Zelfs als ze het verlangen hebben om te roken, zullen ze dan geen sigaret meer aanraken.

Veel mensen met slechte gewoonten vertellen me: "Deze gewoonte is in de loop van de jaren ontstaan. Het is heel moeilijk om die zomaar te stoppen. Daarom zal ik proberen het beetje bij beetje te stoppen." Dit komt doordat ze niet beseffen hoe gevaarlijk hun slechte gewoonte is voor hun fysieke en mentale gezondheid. Stel je een huis voor dat in brand is gevlogen terwijl de eigenaar slaapt. Hij wordt wakker en ziet het vuur overal om zich heen. Zijn enige gedachte is ontsnappen. Hij zal niet de tijd nemen om langzaam wakker te worden. Daarom zullen we op het moment dat we echt begrijpen dat slechte gewoonten ons schaden, ze onmiddellijk opgeven.

Het eerste wat we nodig hebben om ons van onze slechte gewoonten te bevrijden, is vastberadenheid. Het tweede is verleidelijke situaties vermijden. Het is belangrijk om uit de buurt te blijven van vrienden die ons tot slecht gedrag aanzetten. Aarzel niet om hulp te vragen bij een arts of een hulpverlener wanneer dat nodig is. Als je waakzaam bent en voortdurend moeite doet, kun je elke slechte gewoonte overwinnen.

## Devotie Is een doel op zich

Kinderen, over het algemeen gelooft men dat God in menselijke vorm incarneert om *dharma* te beschermen en te behouden en *adharma* te vernietigen. Maar daarnaast is er nog een reden waarom God incarneert. Dat is om liefde voor Hem in het menselijk hart op te wekken. Dit is de reden waarom veel wijzen zeggen dat er naast de vier doelen van het menselijk leven (rechtvaardigheid, financiële zekerheid, verlangen en bevrijding) een vijfde doel is: devotie of toewijding.

Een echte toegewijde verlangt niet eens naar bevrijding. Hij heeft maar één doel: "Dat ik altijd aan God mag denken en Hem mag dienen." Hij verlangt niets anders. Volgens de echte toegewijde is devotie een doel op zich. In zijn toewijding aan het nastreven van devotie houdt het individu op te bestaan. Hiermee wordt de overgave compleet. Zelfs dan blijft het verlangen om te genieten van het liefhebben van God in het hart van de toegewijde. Door voortdurend te genieten van de gelukzaligheid van devotie wordt de toegewijde ook een belichaming van gelukzaligheid.

Eens zei Uddhava tegen de Heer: "Ik heb gehoord dat U van alle toegewijden het meest van de *gopika's* houdt. Er zijn veel andere toegewijden die tranen in de ogen krijgen zodra ze Uw naam horen. Ze gaan in *samadhi* als ze Uw goddelijke fluit horen. Als ze de blauwe tint van Uw goddelijke lichaam zien, zelfs van heel ver, worden ze overweldigd en vallen flauw. Wat is er dan zo geweldig aan de devotie van de *gopika's*?"

Toen hij dit hoorde, glimlachte de Heer en zei: "Al mijn toegewijden zijn mij dierbaar. Maar de *gopika's* hebben iets heel speciaals en unieks. Andere toegewijden vergieten tranen als ze mijn naam horen. Maar de *gopika's* horen alle namen als mijn naam. Voor hen zijn alle geluiden de goddelijke fluit van Heer Krishna. Elke kleur verschijnt als blauw in hun ogen. De *gopika's* kunnen eenheid in verscheidenheid zien. Daarom zijn ze mij het dierbaarst."

Een vrouw die van haar man houdt als van haar eigen leven, denkt aan haar dierbare man als ze een pen pakt om hem te schrijven. Al haar gedachten zijn vol van herinneringen aan hem als ze de pen met inkt vult en het papier kiest om op te schrijven. Evenzo is de geest van een ware toegewijde voortdurend op God gericht, terwijl hij zich klaarmaakt voor de aanbidding, terwijl hij de kommetjes, wierookstokjes, kamfer en bloemen klaarmaakt. Op dat allerhoogste, edele moment van devotie ziet hij de Schepper in de hele schepping. Alleen al om deze reden konden de *gopika's* niets anders dan hun Heer zien.

Mogen de herinneringen aan Heer Krishna en de *gopika's,* die gelukzalig dansten in Vrindavan en al het andere in hun vreugde vergaten, ons hart vervullen met devotie, vreugde en gelukzaligheid.

## Doen en denken

Kinderen, er zijn twee soorten mensen in deze wereld: degenen die doen zonder te denken en degenen die denken zonder te doen. De eerste groep komt in de problemen door te doen zonder na te denken, of in ieder geval zonder op de juiste manier na te denken. Ze helpen niet alleen niemand, maar benadelen ook vaak mensen. De tweede groep denkt met onderscheidingsvermogen en begrijpt wat goed en fout is. Ze handelen er echter niet naar. Hoogstens adviseren ze anderen. Dit is als een zieke die iemand anders vraagt om voor hem medicijnen in te nemen. We zijn vaak van plan om veel deugdzame dingen te ondernemen, maar dan verzinnen we veel excuses om ons plan te laten varen.

Er was eens een oude tempel. Elke week ging er een grote groep toegewijden naar toe voor meditatie en gebed. Een aap die dit zag, dacht bij zichzelf: "Al deze toegewijden ontvangen Gods genade door boetedoening en gebed. Waarom kan ik ook niet wat vasten en mediteren?" De volgende gebedsdag zat deze aap onder een boom en begon te mediteren. Onmiddellijk dacht hij: "Ik heb nog nooit gevast. Tegen de tijd dat de vastendag voorbij is, ben ik misschien zelfs te moe om te lopen. Ik zou dood kunnen gaan! Als ik onder een fruitboom zit, hoef ik niet ver naar eten te zoeken als ik klaar ben."

Zo gezegd, zo gedaan. De aap stond op en ging onder een fruitboom zitten. Toen begon hij te mediteren. Na een tijdje dacht hij: "Als ik zo lang gevast heb, heb ik dan nog de energie om in de boom te klimmen en fruit te plukken?" Dus klom hij naar een tak met veel fruit en ging daar zitten mediteren. Vervolgens dacht hij: "Wat als mijn armen te zwak zijn om het fruit te plukken na het vasten?" Dus plukte hij flink wat fruit, legde het op zijn schoot en begon weer te mediteren. Even later kreeg hij honger. Hij dacht: "Ik heb lange tijd niet zulk groot en smakelijk fruit gehad. Ik kan altijd nog op een andere dag vasten!" Zodra deze gedachte bij hem opkwam, zat het fruit in zijn mond.

Velen van ons zijn als deze aap. Onze geest zal voortdurend excuses vinden om niet te doen wat we moeten doen. We moeten niet alleen kennis hebben, maar ook vastberaden zijn en onze onverdeelde concentratie op ons doel richten. Degenen die mentale wilskracht hebben en eraan werken om al hun doelen te bereiken, zullen zeker slagen.

# Word geen slaaf van boosheid

Kinderen, woede is een zwakte die ons tot slaaf maakt. Als we boos worden, verliezen we zowel onze zelfbeheersing als ons vermogen om dingen op de juiste manier te beoordelen. We verliezen alle bewustzijn van onszelf en van wat we zeggen en doen.

Tegenwoordig is onze geest als een pop in de handen van anderen. Zij weten precies hoe ze op onze knoppen moeten drukken. Als ze ons prijzen, worden we gelukkig. Als ze ons bekritiseren, raken we geërgerd. Zo wordt ons leven beheerst door de woorden van anderen. Bovendien, wanneer we in woede op en neer springen en een hel creëren voor degenen die bij ons zijn, wordt het een echte bron van vermaak voor toeschouwers!

Dit doet me denken aan een verhaal: een man ging naar de kapper. Kort nadat de kapper zijn haar begon te knippen, zei hij tegen de man: "Weet je, ik heb je schoonmoeder gisteren ontmoet. Weet je wat ze zei? Ze zei dat je nogal wat zwart geld hebt verborgen."

Toen de man dit hoorde, werd zijn gezicht rood van woede. "Heeft ze dat gezegd? Ze is niets meer dan een gewone dief! Weet je van hoeveel mensen ze geld heeft geleend zonder ooit een cent terug te betalen? Ik ben degene die al haar schulden terugbetaalt!" De man hield daar niet op. De hele tijd dat hij geknipt werd, bleef hij afgeven op zijn schoonmoeder.

Ongeveer een maand later, toen de man zijn haar weer liet knippen, liet de kapper hem op de stoel gaan zitten, pakte zijn schaar en begon meteen over zijn schoonmoeder. "Ik kwam laatst je schoonmoeder tegen," zei hij. "Ze vertelde me dat je haar geen geld geeft voor huishoudelijke uitgaven."

De man werd woedend. Hij begon te schreeuwen: "Wie is die feeks dat zij zoiets zegt? Ik ben het die al haar uitgaven financiert, haar kleding, haar eten, alles!" Toen hij zo begonnen was, vervolgde hij gedurende de hele knipbeurt zijn tirade tegen zijn schoonmoeder.

De derde keer dat hij zich liet knippen, bracht de kapper zijn schoonmoeder weer ter sprake. Deze keer hield de man hem tegen en zei: "Hé, waarom heb je het altijd over mijn schoonmoeder? Ik wil niets meer over haar horen."

De kapper antwoordde: "Nou, zie je, ik heb het over haar omdat het je zo boos maakt dat je haar recht overeind blijft staan. Dan is het heel gemakkelijk om je haar te knippen."

Als we boos worden, wordt de woede onze meester en worden wij zijn slaaf. Maar met juist begrip en zelfbeheersing kunnen we dit veranderen. Als we begrijpen dat onze woede een zwakte is, kunnen we ons inspannen om die te beheersen.

In werkelijkheid is elke persoon en elke omstandigheid een spiegel die onze zwakheden en negativiteit weerspiegelt. Net zoals we het vuil van ons gezicht wassen terwijl we in een spiegel kijken, moeten we ook alle omstandigheden die zich in ons leven voordoen, gebruiken om het vuil van al onze zwakheden en negativiteit weg te spoelen.

Als we spiritueel inzicht krijgen, wordt het veel gemakkelijker om zelfbeheersing te hebben over onze emoties en gedachten. Als iemand boos op ons wordt, moeten we ons realiseren dat woede een handicap is, een mentale handicap. Dit zal ons helpen de persoon te vergeven. Of we kunnen denken: "Wat heeft het voor zin om boos te worden? Zou het niet verstandiger zijn als ik in plaats daarvan zou proberen om mijn ego te overwinnen, wat de echte bron van alle pijn is die ik voel?" Als we op deze manier kunnen nadenken, kunnen we onze mentale gelijkmoedigheid behouden en altijd kalm blijven.

# Enthousiasme Is het geheim tot succes

Kinderen, op welk gebied we ook willen slagen, we hebben onvermoeibaar enthousiasme nodig. Welke obstakels we ook tegenkomen, we moeten doorzetten. We moeten met constant enthousiasme en zelfvertrouwen blijven proberen. Iemand die altijd enthousiast is, zal altijd slagen.

Een peuter valt zo vaak, maar hij staat altijd snel op en probeert opnieuw te lopen. Hoe vaak hij ook struikelt en valt, hij staat altijd op. Zelfs als hij gekneusd of gewond raakt, blijft hij proberen. En als gevolg van zijn onvermoeibare inzet, enthousiasme en geduld leert hij lopen. Als we met obstakels worden geconfronteerd, moeten we net als dit kind volhouden zonder ons overweldigd te voelen.

Eens zag een kudde geiten een enorme wijngaard op een bergtop. Alle geitenkinderen werden ongelooflijk opgewonden. Ze konden aan niets anders denken dan de berg op rennen om de druiven op te eten. Ze begonnen allemaal zo snel mogelijk te klimmen. Toen de oudere geiten dit zagen, zeiden ze: "Hé, waar gaan jullie heen? Die wijngaard ligt zo hoog! Dat bereiken jullie nooit." Bij het horen van deze woorden verloren de kinderen hun enthousiasme. Al snel werden ze moe en een voor een kwamen ze weer naar beneden. Uiteindelijk bleef er maar één geitenkind over. Die bleef maar klimmen. Alle grote en kleine geiten beneden deden hun best om dat eenzame geitje terug te laten keren, maar niemand kon zijn enthousiasme temperen. Uiteindelijk bereikte hij de bergtop en at hij naar hartenlust druiven. Toen hij terugkwam, klapten al zijn vrienden en ontvingen hem met veel tamtam. Eén geit die dit alles gadesloeg, vroeg: "Geweldig! Waarom kon jij het doen terwijl niemand anders het kon?" Het geitje antwoordde niet. Toen zei zijn moeder: "Mijn kind is doof."

In feite veranderde de doofheid van het geitje in een zegen. Hij kon enthousiast blijven ondanks het vele ontmoedigende commentaar.

We hebben allemaal dezelfde kracht in ons om te winnen. Helaas bezwijken de meesten van ons bij tegenslag en herkennen nooit deze wonderbaarlijke innerlijke kracht. We moeten alert zijn en ervoor zorgen dat we ons altijd concentreren op ons levensdoel. Als we ons bewust zijn van ons doel en ons voortdurend inzetten, kunnen we schijnbaar onmogelijke prestaties leveren.

## Het wegnemen van schuldgevoelens over fouten uit het verleden

Kinderen, in deze wereld lopen veel mensen rond die zich schuldig voelen over alle fouten die ze, bewust en onbewust, hebben gemaakt. Velen van hen bezwijken aan een depressie en andere mentale problemen. Sommigen plegen zelfs zelfmoord. Ook veel mensen die tempels bezoeken en op pelgrimstocht gaan, zoeken vergeving voor hun fouten. Slechts heel weinig mensen vinden echte bevrijding van de schuld die hen achtervolgt.

Ons wentelen in spijt en verdriet over de fouten die we hebben gemaakt, kan worden vergeleken met het omhelzen van en huilen om een lijk. Hoeveel we ook huilen, het zal niet meer tot leven komen. Zo kunnen we ook nooit teruggaan in de tijd en onze fouten ongedaan maken, hoe hard we het ook proberen. De tijd gaat alleen maar vooruit.

Wanneer kinderen een klein wondje krijgen, krabben ze er meestal herhaaldelijk aan en maken het erger. Uiteindelijk kunnen ze de pijn niet meer verdragen. Herhaaldelijk tegen jezelf zeggen: "Ik heb deze fouten gemaakt, ik ben een zondaar" is precies hetzelfde. Het verandert een klein wondje in een ernstige ziekte. Het zal je geest nooit tot rust brengen.

We moeten onder alle omstandigheden praktisch denken. Als we vallen, mogen we niet op de grond blijven liggen huilen. Sta gewoon op en loop verder. Wees voorzichtig bij elke stap. Geef de hoop niet op.

Een verslaggever vroeg een beroemde boer: "Wat is het geheim van uw succes?"

De boer antwoordde: "De juiste beslissingen nemen."

Opnieuw vroeg de verslaggever: "Hoe heeft u de juiste beslissingen kunnen nemen?"

"Ervaring."

"Hoe heeft u die ervaring opgedaan?"

"Door verkeerde beslissingen te nemen."

De praktische ervaring die de boer had opgedaan door verkeerde beslissingen te nemen, hielp hem de juiste beslissingen te nemen. Toen hij de juiste beslissingen nam, slaagde hij. Het verhaal van deze boer leert ons dat zelfs verkeerde beslissingen een springplank naar succes kunnen worden.

Het huidige moment is de enige rijkdom die we bezitten. Alleen in het huidige moment kunnen we onze fouten ongedaan maken en het goede pad volgen. Als we verdrietig worden als we aan het verleden denken, verspillen we het onschatbare huidige moment.

Waar het om gaat is het heden goed te gebruiken. Dit bepaalt ons levenspad. Leg daarom een strikte eed af om je fouten niet te herhalen. Als het mogelijk is, neem dan de nodige stappen om fouten uit het verleden ongedaan te maken of het goed te maken. Ga dan voort en richt je op je doel. Dit is wat nodig is.

## Door onze haast gaat de schoonheid verloren

Kinderen, we leven in een tijd waarin we geen tijd voor anderen of onszelf vrij willen maken. De reden is dat onze geest voortdurend in beslag genomen wordt door honderden gedachten: gedachten over dingen die in het verleden zijn gebeurd, over dingen die in de toekomst kunnen gebeuren, over dingen die we moeten doen. Daardoor zien we niet in wat er in het heden moet gebeuren; we kunnen niet handelen op een manier die goede resultaten oplevert. Daardoor hebben we geen vrede; we missen de schoonheid van deze wereld.

Een grootvader en zijn kleinzoon gingen regelmatig wandelen in een nabijgelegen bloementuin. Op een dag voelde de kleinzoon onder het lopen iets hards onder de droge bladeren. Hij bukte zich om te zien wat het was en vond een munt. "Iemand moet dit hebben laten vallen toen hij hier liep," zei hij en pakte hem blij op. Vanaf toen zocht de jongen tussen de droge bladeren naar munten, telkens wanneer ze wandelden. Af en toe vond hij er een of twee en stopte die in zijn zak. Hij vertelde dit nooit aan zijn grootvader. Als ze thuiskwamen, stopte hij de munten veilig in een potje. Dit werd een gewoonte. Ongeveer vijf jaar later toonde de jongen het potje aan zijn grootvader en zei: "Opa, kijk eens naar alle munten die ik tijdens onze wandelingen heb verzameld! Het is meer dan 100 roepies!"

De grootvader glimlachte en zei: "Zoon, wat heb jij een geluk dat je zoveel munten hebt gevonden. Maar denk eens aan alle dingen die je hebt gemist terwijl je naar munten aan het zoeken was. Je zag de prachtige bomen nooit waaien in de wind. Je hebt de vogels nooit hun melodieuze liedjes horen zingen. Zoveel zonsopkomsten en zonsondergangen zijn voorbijgegaan zonder dat je het merkte, zoveel bloeiende bloemen, zoveel regenbogen! Je miste het geluid van de stromende beekjes, de schoonheid van de vijvers. Zoon, zulke dingen zijn van onschatbare waarde."

Gaat het zo niet vaak in ons leven? Veel mensen brengen hun familie naar het strand om de zonsondergang te zien. Maar toch blijven ze hun e-mail en berichten checken. Te midden van al die schoonheid genieten ze er nooit van. We brengen zoveel tijd door op Facebook, maar zien niet de gezichten van de mensen naast ons.

Kinderen, zo mag het niet zijn. Techniek is prima. Het kan ons dichter brengen bij degenen die ver weg zijn, maar het mag ons niet weghouden van degenen die dichtbij zijn. Vaak is de echtgenote duidelijk zo verdrietig, maar merkt haar man het niet eens. Vaders die dag en nacht werken, mogen niet nalaten de tijd te nemen om naar de verhalen van het gezin te luisteren. Wat jammer is het als we een prachtige tuin hebben, maar elke keer als we erin zitten praten we aan de telefoon en genieten nooit van de schoonheid ervan.

Mentale onrust kan de schoonheid van deze wereld gemakkelijk overschaduwen. Dan wordt het leven als een prachtige bloem die onder de modder zit. Alleen als de gedachten op de juiste manier en op het juiste moment komen, kunnen we onze taken vreedzaam uitvoeren en in het huidige moment leven. Alleen dan kunnen we genieten van de schoonheid die zowel onze ware aard als de aard van de wereld is.

## Leer om terug te geven aan de samenleving

Kinderen, tot voor kort werden zelfopoffering en eenvoud beschouwd als twee van de belangrijkste aspecten van het leven. Maar tegenwoordig is het belangrijkste doel van de meeste mensen om zoveel mogelijk geld te verdienen en zoveel mogelijk materiële bezittingen te vergaren. Tragisch genoeg denken mensen dat succes betekent zo veel mogelijk nemen en zo min mogelijk geven.

Als we iets van de natuur of van de samenleving nemen, is het onze verantwoordelijkheid om iets terug te geven. Als we ervoor zorgen dat we meer geven dan we nemen, dan zal er blijvende vrede, welvaart en eenheid in de samenleving zijn. Maar tegenwoordig onderhouden mensen een zakelijke relatie met de samenleving en de natuur. Ze hebben zelfs een zakelijke relatie met God. We horen een houding van overgave aan God te ontwikkelen, maar in plaats daarvan proberen mensen zelfs als ze bidden, winst te maken.

Op een keer voer een rijke zakenman op een schip. Plotseling kwam het schip in een verschrikkelijke storm terecht. De kapitein maakte bekend dat de overlevingskansen klein waren. Iedereen begon te bidden. De zakenman bad: "God, als ik het overleef, verkoop ik mijn vijfsterrenhotel en geef ik 70 procent van het geld aan U. Bescherm me alstublieft!" Verrassend genoeg kalmeerde de zee zodra hij dit gezegd had. Al snel waren alle passagiers, inclusief de zakenman, veilig aan wal. Maar nu zat de zakenman in de problemen. Hij dacht: "Als ik mijn hotel verkoop, krijg ik minstens tien miljoen roepies en moet ik zeven miljoen aan God geven. Wat vreselijk!" Hij probeerde een uitweg te bedenken. De volgende dag verscheen er een advertentie in alle kranten. Er stond: "Vijfsterrenhotel te koop voor slechts één roepie." Honderden mensen kwamen erop af om het hotel te kopen. De zakenman stond op en zei: "Oké. Het klopt dat ik het hotel voor één roepie verkoop. Maar er is één voorwaarde. De persoon die het hotel koopt, moet ook mijn puppy kopen. En de prijs van de puppy is tien miljoen roepie." Uiteindelijk kwam er een koper naar voren, de koop werd gesloten en de zakenman gaf 70 paisa aan God.

Dit is de houding van veel mensen in de wereld van vandaag. Om te krijgen wat we willen, zijn we bereid om zelfs God te bedriegen.

Tegenwoordig bekijken we alles door de ogen van een zakenman. Onze enige zorg zijn onze eigen egoïstische belangen op welk gebied dan ook. Daardoor denken veel mensen dat ze groeien. Maar zo'n groei is als een vorm van kanker, een onevenwichtige groei die uiteindelijk leidt tot de vernietiging van zowel het individu als de samenleving. Individuele groei die geen rekening houdt met de groei van de samenleving, kan geen echte groei worden genoemd. Onze groei mag anderen niet belemmeren om te groeien. Integendeel, het zou anderen moeten helpen om te groeien.

Kinderen, alles wat we aan de wereld geven, komt bij ons terug. Als we één zaadje zaaien, zal de aarde het honderdvoudige aan ons teruggeven. Alles wat we geven, komt in het heden en in de toekomst als zegen terug. Ons leven wordt niet rijker door te nemen, maar door te geven.

## Spanning overwinnen

Kinderen, mensen staan tegenwoordig constant onder spanning. Ondanks alle gemakken van het leven kunnen mensen de spanning niet ontlopen. Continu piekeren is onze natuur geworden.

Alleen maar kijken naar een snee in onze hand, ons zorgen maken en erom huilen, zal het niet genezen. We moeten de wond wassen en schoonmaken en medicijnen aanbrengen. Anders kan de wond geïnfecteerd raken. Hetzelfde geldt voor problemen. Erover piekeren lost ze niet op.

Ons zorgen maken over onze problemen vergroot ze zelfs. Het wordt dan als een wedloop met een gewicht van honderd kilo om onze nek. Hoe kunnen we dan winnen? Ons leven zal ellendig zijn.

Normaal gesproken zal de bloeddruk van een gezond iemand een onderdruk van 80 en een bovendruk van 120 hebben. Wanneer iemand met hoge bloeddruk gestrest raakt, zal die stijgen tot 150 of 200. Zo iemand kan een beroerte krijgen en eenzijdig verlamd raken.

Spanning verzwakt ons, van binnen en van buiten. Een flink percentage van de mensen in de samenleving heeft hartaandoeningen. Velen hebben een pacemaker. Maar als we de 'peacemaker' (vredestichter) van spiritualiteit kunnen installeren, zijn de meeste pacemakers niet meer nodig.

Eens liepen een *guru* en zijn leerlingen ergens in de zon. Toen ze een boom zagen, gingen ze in de schaduw zitten. De *guru* vroeg de leerlingen om wat water te halen. In de verte zagen ze een kleine vijver. Maar toen ze een pot met water begonnen te vullen, bracht een boer zijn stieren daar om te baden. Het water werd helemaal modderig. De leerlingen waren ontmoedigd en keerden terug naar de *guru*. Ze vertelden hem wat er was gebeurd. De *guru* vroeg hen naast hem te gaan zitten. Iedereen rustte een half uur in de schaduw. Daarna zei de *guru*: "Ga nu terug naar de vijver en kijk hoe het nu is." De leerlingen gingen terug naar de vijver en zagen dat het water nu glashelder was. Ze vulden hun potten en gaven die aan de *guru*. De *guru* zei: "Dit is de toestand van de menselijke geest. Als er problemen ontstaan, wordt het duister en onrustig. Maar door een tijdje rustig en stil te zijn, wordt de geest weer kalm. Dan herwint hij al zijn talenten en vaardigheden."

# Eenvoudig leven en zelfopoffering

Kinderen, de visie en waarden van onze samenleving veranderen radicaal. Twee generaties geleden waren eenvoudig leven en zelfopoffering onze hoogste idealen. Maar tegenwoordig beschouwen de meesten luxe als het belangrijkste. Verspilling en extravagantie zijn onderdeel van onze levensstijl geworden.

Sommige mensen geven duizenden, zelfs tienduizenden roepies uit aan extra comfort en buitensporige zaken. Tegelijkertijd verhongeren hun buren. Duizend roepies kan het verschil zijn tussen een meisje dat kan trouwen of alleen moet leven. Sommigen geven honderdduizenden roepies uit om de bruiloft van hun dochter te vieren. Andere families wijzen hun schoondochter af en sturen haar terug naar haar ouders omdat haar bruidsschat niet genoeg is. Dergelijke dingen komen zo vaak voor.

Tegenwoordig zijn Indiërs erg extravagant als het gaat om bruiloften. Bruiloften kunnen eenvoudig worden gehouden voor een ambtenaar van de burgerlijke stand. Maar een bruiloft symboliseert ook eenheid en voorspoed. Vroeger waren huwelijksfeesten bedoeld om buren en vrienden blij te maken, zodat ze de pasgetrouwden met hun zegeningen zouden overladen en daardoor het leven van het nieuwe paar zouden vullen met de nectar van vrede en geluk. Dat is in de loop van de tijd allemaal veranderd.

We moeten niet zo veel belang hechten aan uiterlijke extravagantie. Met een beetje mededogen in ons hart kunnen we de hoeveelheid geld die we uitgeven aan de bruiloft van ons eigen kind verminderen en wat we besparen kunnen we uitgeven om arme meisjes te laten trouwen.

Tegenwoordig is de Indiase samenleving, vooral in Kerala, geobsedeerd door goud. Onze samenleving heeft ons geleerd dat het Malayalam woord *penn* niet alleen vrouw betekent, maar ook goud. Tegenwoordig dragen sommige vrouwen meer goud dan een olifant met een *nettipattam* (gouden hoofdtooi die olifanten tijdens festivals dragen). Vrouwen geloven over het algemeen dat ze niet compleet zijn als er geen goud om hun polsen en nek hangt. Het is de externe uitdrukking geworden van iemands trots.

Amma zal nooit zeggen dat het verkeerd is om goud te kopen. Als goud wordt gekocht na er goed over nagedacht te hebben, kan het een goede investering worden. Maar geobsedeerd zijn door goud is gevaarlijk, vooral wanneer ouders geld lenen of bezittingen verkopen of verpanden om de huwelijksuitgaven te dekken. Eigenlijk wordt deze obsessie met goud niet gecreëerd door vrouwen, maar door de samenleving.

We moeten evenwicht en eenvoud bewaren in alles wat we doen. Alles heeft zijn plaats. Tegelijkertijd kan alles, wanneer je bepaalde grenzen overschrijdt, *adharma* worden. Het is een zonde om de natuurlijke hulpbronnen van de aarde te exploiteren zonder rekening te houden met anderen. Bij het baden of afwassen van borden moeten we oppassen dat we niet meer water gebruiken dan we echt nodig hebben. We moeten lampen en ventilatoren uitzetten als we een kamer uitgaan. We mogen nooit voedsel verspillen. We moeten voorzichtig zijn met deze dingen. Zoveel mensen over de hele wereld lijden honger.

Ons leven wordt gezegend als we onze aandacht verplaatsen van het vervullen van onze eigen verlangens naar het helpen van anderen. Als we bereid zijn om onze slechte gewoonten te beëindigen en te besparen op extravagantie, kunnen we het geld dat we besparen, gebruiken om mensen die lijden te helpen, mensen die zich niet eens één fatsoenlijke maaltijd per dag kunnen veroorloven. Dan zal het licht van goedheid niet alleen hun leven verlichten, maar ook dat van ons.

## Sympathie en mededogen

Kinderen, op het eerste gezicht lijken sympathie en mededogen maar heel weinig te verschillen. Als we ze echter goed onderzoeken, zien we dat ze heel anders zijn. Sympathie is een tijdelijk gevoel dat we krijgen als we een wanhopig iemand zien. Het heeft niet veel invloed op de lijdende persoon. De sympathiserende persoon biedt de lijdende persoon wat hulp aan en spreekt misschien een paar troostende woorden, wat hem een goed gevoel over zichzelf geeft. Mededogen daarentegen is het ervaren van het verdriet van iemand anders alsof het ons verdriet is. Er is geen dualiteit in mededogen, alleen eenheid. Wanneer de linkerhand gewond raakt, troost de rechterhand hem, omdat wij het zijn die de pijn ervaren. Zo is het ook met mededogen.

Een leerling vroeg eens aan zijn *guru*: "Wat is echt mededogen?" De *guru* nam hem mee naar een straat bij de *ashram*. Daar vroeg hij de leerling om een bedelaar te observeren. Even later stopte een oude dame een munt in zijn bedelkom. Na een tijdje gaf een rijk iemand

192

hem een briefje van 50 roepie. Toen kwam er een jongetje voorbij. Hij glimlachte liefdevol naar de bedelaar. Hij ging naar hem toe en begon respectvol met hem te praten, alsof hij met een oudere broer sprak. De bedelaar was erg blij. De *guru* vroeg de leerling: "Wie van deze drie mensen had echt mededogen?"

De leerling antwoordde: "De rijke man."

De *guru* glimlachte en zei: "Nee, hij had geen medeleven en geen sympathie. Zijn enige bedoeling was om te pronken met zijn filantropische karakter."

"De oude vrouw?" raadde de leerling.

"Nee," zei de *guru*. "De oude dame had sympathie, maar ze zag de bedelaar niet alsof ze zichzelf zag. Ze wilde zijn armoede niet echt wegnemen. We kunnen alleen de houding van het kind echt mededogen noemen. Hij behandelde de bedelaar alsof het een deel van zichzelf was. Hoewel de jongen de bedelaar niet duidelijk kon helpen, was er een verbinding van hart tot hart en wederzijds begrip. Wat de jongen de bedelaar liet zien, was echt mededogen."

De wereld heeft onze vluchtige sympathie niet nodig; het heeft ons hartverwarmende mededogen nodig. Mededogen neemt toe wanneer we het geluk en verdriet van anderen als het onze voelen. Dan is er liefde en bereidheid om te dienen. Mededogen is het enige medicijn dat de wonden van de wereld geneest.

# De juiste houding is het allerbelangrijkst

Kinderen, veel mensen zijn helemaal teleurgesteld door problemen die voortvloeien uit hun werk en het leven in het algemeen. Dit komt voornamelijk door hun mentale houding of hun verkeerde kijk op het leven. Hun leven zou enorm veranderen als iemand hen de juiste weg kon wijzen en hen onderweg zou aanmoedigen. Dan voelen ze zich niet langer onder druk staan en kunnen ze zelfs positieve rolmodellen voor anderen worden.

Er was eens een student die graag dokter wilde worden. Hij slaagde echter niet voor het MBBS toelatingsexamen; hij kwam een punt te kort en werd niet toegelaten. Hij was erg teleurgesteld en kon er niet toe komen om een andere studie te beginnen. Na een tijdje gaf hij toe aan de wensen van zijn familie en solliciteerde naar een baan bij een bank. Hij kreeg de baan, maar bleef erover piekeren dat het hem niet gelukt was om dokter te worden. Hierdoor kon hij de klanten van de bank niet met liefde helpen of zelfs maar naar hen glimlachen. Een vriend die zijn mentale toestand doorzag, nam hem mee naar een *guru*. De man luchtte zijn hart bij de *guru* en deelde zijn problemen. "Ik heb geen controle over mijn geest. Ik word boos over kleine dingen. Ik behandel de bankklanten niet met respect. Ik denk niet dat ik onder deze omstandigheden daar kan blijven werken. Wat moet ik doen?"

De *guru* troostte hem en zei: "Zoon, als ik een heel goede vriend daarheen zou sturen, hoe zou je hem dan behandelen?"

"Ik zou hem graag helpen met alles wat hij nodig heeft."

"Als dat het geval is, beschouw dan elke klant voortaan als iemand die door God speciaal naar jou is gestuurd. Dan kun je met elk individu liefdevol omgaan."

Vanaf die dag ervoer de jongeman een ingrijpende verandering in zijn houding. Deze verandering weerspiegelde zich in al zijn gedachten en handelingen. Toen hij leerde om naar elke klant te kijken alsof die door God was gestuurd, als de verbeelding van God zelf, werd zijn handelen een vorm van aanbidding. Alle verdriet verdween uit zijn gedachten. Zijn hart was vervuld van tevredenheid en voldoening. Hij kon het geluk dat hij voelde naar iedereen verspreiden.

Om de juiste mentale houding te ontwikkelen, is devotie erg nuttig. Voor iemand die in God gelooft, zal God het middelpunt van zijn bestaan vormen. Hij zal God in alles zien. Hij zal alles wat hij doet, aan God overgeven. Dus als iemand zijn daden kan zien als aanbidding van God, helpt dat niet alleen hemzelf, maar ook de hele samenleving.

## De weg naar vrede

Kinderen, als Amma naar de wereld van vandaag kijkt, voelt ze veel verdriet. Overal zijn er beelden van tranen en bloedvergieten. Mensen kunnen geen medeleven tonen, zelfs niet met kinderen. Zoveel onschuldige levens worden elke dag opgeofferd in oorlogen en terroristische aanslagen. Het is waar dat er vroeger ook oorlogen werden gevoerd, maar in die tijd vocht men nooit tegen iemand die ongewapend was. Ook was vechten na zonsondergang niet toegestaan. Destijds volgde men zulke gedragscodes. Tegenwoordig is elke methode van vernietiging echter acceptabel, hoe wreed of tegen *dharma* ook. Als we om ons heen kijken, zien we een wereld die wordt geregeerd door zelfzuchtige en egoïstische mensen.

De grondoorzaak van alle vernietiging is het ego. Twee soorten ego zijn het meest destructief. De een is het ego van macht en rijkdom. De andere is het ego van "Alleen mijn zienswijze is juist. Ik tolereer niets anders." Zulk egoïsme maakt vrede en tevredenheid onmogelijk, zowel in ons persoonlijke leven als in de samenleving als geheel.

Alle standpunten hebben hun waarde. We moeten moeite doen om ze te herkennen en te accepteren. We moeten bewust proberen ieders ideeën te begrijpen. Als we dat kunnen, kunnen we een einde maken aan de zinloze oorlog en het bloedvergieten dat we om ons heen zien.

Om de opvattingen van anderen echt te begrijpen en te respecteren, moeten we eerst liefde in onszelf ontwikkelen. Veel mensen doen veel moeite om een andere taal te leren. Daarvoor hebben ze veel interesse en enthousiasme. De taal van een ander volk leren is echter niet voldoende om hen te begrijpen. Daarvoor hebben we de taal van de liefde nodig, een taal die we volledig zijn vergeten.

Een groep vrijwilligers van een humanitaire organisatie ging praten met de eigenaar van een groot bedrijf om geld in te zamelen. Ze beschreven uitvoerig de erbarmelijke omstandigheden van de lijdende mensen die ze probeerden te helpen. Hun verhalen over pijn en verdriet waren genoeg om ieders hart te laten smelten, maar de zakenman was totaal onaangedaan en helemaal niet geïnteresseerd. Diep teleurgesteld maakten de vrijwilligers zich klaar om te vertrekken. Op dat moment zei de zakenman: "Stop. Ik ga jullie een vraag stellen. Als jullie die goed beantwoorden, zal ik jullie helpen. Een van mijn ogen is een kunstoog. Kunnen jullie zeggen welke?"

De vrijwilligers keken zorgvuldig in zijn ogen. Vervolgens zei een van hen: "Het is het linkeroog."

De zakenman zei: "Geweldig! Niemand heeft ooit eerder het verschil kunnen zien. Het was heel duur. Hoe wist je dat?"

De vrijwilliger zei: "Ik heb zorgvuldig in beide ogen gekeken. Het rechteroog toonde een klein beetje medeleven. De linker was als een steen. Dus wist ik meteen dat uw rechteroog echt was."

Deze zakenman is het perfecte symbool van de huidige tijd. Tegenwoordig is ons hoofd heet en ons hart koud. Wat nodig is, is het tegenovergestelde: ons hoofd moet koel zijn en ons hart warm. Het koude egoïsme in ons hart moet veranderen in de warmte van liefde en mededogen, en de heethoofdigheid van het ego moet veranderen in de koele oneindigheid van Zelfkennis.

Liefde en mededogen zijn onze grootste rijkdom. Nu zijn we ze kwijt. Zonder liefde en mededogen is er geen hoop voor ons of voor de wereld. Laten we de zachtheid en tederheid van deze goddelijke eigenschappen in ons hart wakker maken.

## Blijf altijd een beginneling

Kinderen, we moeten altijd de houding van een beginneling behouden. Als je deze houding aanneemt, heb je nederigheid, optimistisch geloof en enthousiasme. Hiervoor moeten we ons hart openen om alle goede dingen te accepteren, ongeacht waar ze vandaan komen. Als we dit kunnen, zullen die nederigheid, enthousiasme en het optimistische geloof vanzelf in ons ontwaken. Dan kunnen we van al onze ervaringen leren. We zullen dan ook onder alle omstandigheden op de juiste manier reageren. Anders, als ons hart niet open is, zullen we niet alleen een slaaf worden van ons ego en onze koppigheid, maar zullen we ook veel fouten maken en het vermogen verliezen om in ons op te nemen wat goed voor ons is. Zo'n houding leidt tot zelfvernietiging.

Op een dag tijdens de Mahabharata-oorlog stonden Arjuna en Karna tegenover elkaar in de strijd. Heer Krishna bestuurde de strijdwagen van Arjuna. Salya was de wagenmenner van Karna. Arjuna en Karna bestookten elkaar met pijlen. Met de bedoeling om Arjuna neer te schieten richtte Karna ten slotte een pijl op Arjuna's hoofd. Toen Salya dit zag, zei hij: "Karna, als je Arjuna wilt doden, richt dan niet op zijn hoofd. Richt op zijn nek."

Karna antwoordde zelfingenomen: "Als ik eenmaal richt, verander ik nooit van gedachten. Ik zal deze pijl recht op Arjuna's hoofd afschieten!" En Karna schoot de pijl af.

Heer Krishna zag de pijl recht op Arjuna's hoofd afkomen en duwde snel de strijdwagen met zijn heilige voeten in de aarde. De wielen van de wagen zonken weg in de grond en de pijl, die Arjuna's hoofd zou hebben geraakt, trof alleen zijn kroon. De kroon werd geraakt, maar Arjuna was gered. Vlak daarna doodde Arjuna Karna.

Als Karna naar Salya had geluisterd, dan zou hij Arjuna hebben geraakt en hem hebben gedood. Maar Karna's ego stond hem niet toe Salya's advies aan te nemen. Dat leidde tot de ondergang van Karna.

De houding 'ik weet alles' weerhoudt ons ervan te leren. Als een kopje tot de rand gevuld is, wat kun je er dan nog bij doen? Alleen als een emmer leeg is en in het water zinkt, kan hij worden gevuld. Zelfs als een Nobelprijswinnaar fluit wil leren spelen, moet hij de houding van een beginneling aannemen en de leerling van een leraar worden.

Als je de houding van een beginner hebt, leidt je dat naar een wereld van kennis en potentie. Dat is de houding van 'ik weet niets; leer het mij alstublieft.' Met die houding zullen we van alle kanten genade ontvangen, gemakkelijk kennis verwerven en de overwinning in ons leven ervaren.

www.ingramcontent.com/pod-product-compliance
Lightning Source LLC
LaVergne TN
LVHW051732080426
835511LV00018B/3023